चोंच भर बादल

(कविता-संग्रह)

चोंच भर बादल

वीना श्रीवास्तव

भारतीय ज्ञानपीठ

लोकोदय ग्रन्थमाला : ग्रन्थांक 1413

ISBN 978-93-87919-72-3

चोंच भर बादल
(कविता-संग्रह)
वीना श्रीवास्तव

प्रकाशक : **भारतीय ज्ञानपीठ**
18, इन्स्टीट्यूशनल एरिया, लोदी रोड, नयी दिल्ली-110 003

मुद्रक : विकास कम्प्यूटर्स ऐंड प्रिन्टर्स, दिल्ली-32

आवरण : महेश्वर
आवरण चित्र : द्रिनेश सिंह

CHONCH BHAR BADAL
(Poetry Collection)
By Veena Srivastava

Published by
Bharatiya Jnanpith
18, Institutional Area, Lodi Road, New Delhi-110 003
Ph. : 011-24698417, 24626467; 23241619 (Daryaganj)
Mob. : 9350536020; e-mail : bjnanpith@gmail.com
sales@jnanpith.net; website : www.jnanpith.net

First Edition : 2020
Price : Rs. 190

प्यार के नाम
हमसफ़र राजेंद्र को

तुमसे गुज़रकर
तुम तक पहुँचने में
ख़र्च हो गया जीवन

अनुक्रम

मेरी बात

अपने चौथे कविता संग्रह 'चोंच भर बादल' के साथ एक बार फिर आपसे मुख़ातिब हूँ। पहले कविता संग्रह से चौथे तक का यह उन्नीस वर्षों का सफ़र बहुत रोचक, रोमांचक, हैरतंगेज़, सनसनीखेज़ सभी तरह का रहा। मैंने जो लिखा, वाकई वही कहना चाह रही हूँ। जम्मू- कश्मीर से राँची तक का सफ़र आसान बिल्कुल भी नहीं रहा। हर तरह से कसौटी पर चढ़ती रही और पहले से ज़्यादा निखरकर चुनौतियों को पार करती गई। हर बार नए जोश और उत्साह से अपनी मंज़िल की ओर बढ़ी। सच तो ये है कि मेरी कोई मंज़िल नहीं, बस राह चुनी है, कुछ अच्छा रचने की कोशिश करने की। उसी पर चलना मेरा मक़सद है और यह वो राह है जो पूरी होती है क्षितिज पर। रचनाकार तो सृजन पथ पर चलने वाला पथिक ही होता है।

1999 में जब वरिष्ठ कथाकार स्व. निर्मल वर्मा जी को ज्ञानपीठ पुरस्कार मिला तो मैं उस समय 'राष्ट्रीय सहारा' में काम करती थी। मैंने उनका साक्षात्कार लिया था। उसके बाद उनसे कई मुलाक़ातें हुईं। पहले संग्रह के समय उन्होंने शुभकामना संदेश लिखा था – 'इस संग्रह के साथ वीना श्रीवास्तव 'काव्य प्रदेश' की भूमि में प्रवेश कर रही हैं, आशा है वह बराबर भीतरी अवरोधों और बाहरी संघर्षों का सामना करते हुए अपनी सृजन यात्रा जारी रखेंगी।' उन्होंने कहा था कि 'लेखन की राह में कई तरह की बाधाएँ आएँगी, कभी मन करेगा सब छोड़ दूँ लेकिन किसी भी बाधा से घबराना नहीं है बल्कि अपनी राह पर चलना है। सृजन की सीमा नहीं होती।' सच ही तो कहा था। कई बार मन हुआ कि सब छोड़ दूँ लेकिन मैं घबराई नहीं। 'कला', 'साहित्य' की कोई सीमा हो ही नहीं सकती। उसका कोई सीमित दायरा नहीं, जहाँ तक हम जा सकें, अपना विस्तार कर सकें, सीमा उसके आगे भी रहती है।

'तुम और मैं', 'मचलते ख़्वाब' के बाद मेरा तीसरा लम्बी कविताओं का संग्रह 'लड़कियाँ' ख़ासा चर्चित रहा और आपने पसन्द भी किया। इस संग्रह की शीर्षक कविता में मैंने लड़कियों की तुलना साहित्यकारों और उनकी रचनाओं से की थी। उसी में एक स्थान पर लिखा था, 'कभी बन जाती हैं (लड़कियाँ)/नामवर सिंह की आलोचना।' जब यह कविता मैंने स्वर्गीय श्रद्धेय नामवर जी को सुनाई तो उन्होंने हँसते हुए कहा था 'अरे, तुमने तो लड़कियों को भी मेरी आलोचना बना दिया।' पहली बार नामवर जी से 1997 में मिली थी। अपने पहले कविता संग्रह के समय भी उनसे मिली थी। दिल्ली छोड़ने के बाद भी जब कभी दिल्ली जाती तो उनसे मिलती। वह हमेशा पूछते कि क्या लिख रही हो, क्या नया किया और फिर अपने किस्से सुनाते। करीब दो-ढाई साल पहले जब नामवर जी से मिली तो शाम हो चुकी थी। मैं पौने छह बजे पहुँची थी और फिर बातों ही बातों में उन्होंने कहा अपनी कविताएँ सुनाओ और मैंने शुरू किया सुनाना। फिर तो उनकी वाह-वाह से हौसला बढ़ता गया। उनका डूबकर 'आह...हाहा...' कहना कि मेरी कविताओं को जैसे जीवन मिलता गया। कब सात बज गए पता ही नहीं चला। फिर भी बात करते और कविताओं पर चर्चा करते साढ़े सात बज गए। बीच में उन्होंने पूछा किसी प्रकाशक को पाँडुलिपि दिखाई? बात की? मैंने कहा कि हाँ, हुई है बात। तब उन्होंने फिर पूछा कि ज्ञानपीठ में बात की? राजकमल में बात की? अच्छी रचनाएँ हैं, बात करनी चाहिए। मैंने कहा—नहीं, वहाँ तो बात नहीं की। लेकिन उन्होंने जिस तरह से कहा था, पूछा था, उससे मेरा मनोबल बहुत बढ़ा और 'भारतीय ज्ञानपीठ' में पाँडुलिपि देने का मन हुआ जिसका परिणाम आज 'चोंच भर बादल' के रूप में आपके सामने है।

मेरी अनेक कविताओं की नामवर जी ने मुक्त कँठ से प्रशंसा की, जिससे मेरा उत्साह कई गुना बढ़ गया। यहाँ तक कि इस कविता संग्रह का शीर्षक भी उन्हीं की पसन्द का है। उन्हें 'चोंच भर बादल' कविता इतनी अच्छी लगी कि ये कविता उन्होंने दोबारा सुनी और फिर कहा... आहाहाहा...क्या लिखा है 'चोंच भर बादल'... क्या प्रयोग किया है। मैंने तभी सोच लिया था कि मैं इस संग्रह का नाम यही रखूँगी। उन्हें 'मील का पत्थर होती है हर औरत / जिसके सहारे पुरुष नापता है / अपनी हैसियत' ये पंक्तियाँ भी बहुत पसन्द आईं। इसके अलावा 'सब कुछ तो है / वो वहाँ / क्षितिज पर', 'आज़ादी' शीर्षक से कविता की इन पक्तियों को भी उन्होंने दोबारा सुना – 'अरे वही.../

जो पंखों में हवा भरना भूल चुके / उनकी आतें उलटने को हैं / जी रहे हैं अन्तिम साँसें / क्योंकि... / वो खो चुके हैं क्षमता / मंडराकर दाना चुगने की। जब मैंने 'सब उदास हैं' कविता सुनाई तो – 'पोंड्स पाउडर और इमामी क्रीम' सुनते ही कहा– 'वाह, याद आया, यही तो लगता था पहले। क्या याद ताज़ा की है। आहाहाहा और सुनाओ...' फिर मैंने सुनाई थी 'हम होने की कहानी' – इसको भी उन्होंने दो बार सुना – 'कश्मीरी कढ़ाई' से सजाए / चिनार और देवदार से ऊँचे ख़्वाब / मन्नतों से करती रही 'उल्टी बखिया' / जीवन यूँ गुज़र गया / मानो काढ़ते रहे / 'चिकन वर्क' की / खट्टी-मीठी कैरियाँ...' बहुत सुन्दर प्रयोग किए हैं। बहुत खूब। 'आज की शाम, वीना के नाम' और सुनाओ।

ऐसी न जाने कितनी पंक्तियाँ हैं, जो यादों में हैं और इसमें काफी कुछ रिकॉर्डेड है। इतनी तारीफ़ पर मैंने ही दादा से कहा कि मैं रिकॉर्ड कर लेती हूँ। मुझे क्या पता था कि कुछ समय बाद मेरे पास वो आवाज़ ही रह जाएगी। जब मैंने उनसे कहा कि आपको कविताएँ इतनी पसन्द आईं तो आप ही कुछ कविताओं पर लिख दीजिए तो उन्होंने कहा कि बात आगे तो बढ़े, लिखू दूँगा। मगर इसके पहले ही उन्होंने विदा ले ली।

इसके पहले जब उनसे मिली थी तो उनका एक पेन ले आई थी। अपनी तरह से कहूँ तो मैंने वो पेन मार दिया या खुद से ले लिया। जब मैंने पेन ले लिया तो बोले 'मैं किससे लिखूँगा' तो मैंने कहा इतने सारे तो पेन हैं आपके पास। फिर मैंने कहा कि मेरे पास तीन पेन हैं, आप कोई भी ले लीजिए। उन्होंने मेरे तीनों पेन चलाकर देखे और एक ले लिया। फिर एक 'प्यारा-सा नोट' भी लिखकर दिया। जो मेरी धरोहर है। उस दिन ख़ूब सर्दी थी। चलते वक़्त मैंने उनकी फोटो खींची, तभी उनका ध्यान मेरी कैप पर गया, वो तुरन्त बोले – अरे, तुम्हारी टोपी तो बहुत अच्छी है तो फिर मेरी टोपी भी अच्छी होनी चाहिए। फिर कल्पना जी (उनकी देख-रेख वही करती थीं) से कहा कि 'मेरी वो काली वाली टोपी लाना', जब वो लेकर आईं तो उन्होंने टोपी लगाकर कहा कि 'अब हुई न टक्कर की टोपी।' बहुत-सी यादें हैं। एक बार मैं सुबह दिल्ली पहुँची। मैंने उन्हें फोन किया कि अभी आ जाऊँ, तो जवाब दिया – आ जाओ लेकिन एक (1 बजे) से पहले। फिर दवा खाकर आराम करूँगा। मैंने कहा मैं सवा बारह तक पहुँच जाऊँगी और उस दिन इस कदर जाम मिला कि डेढ़ बजे पहुँची। सोच लिया था कि आज शाम को दोबारा आना पड़ेगा। फिर ख़्याल आया देख लेती हूँ। अगर जागे होंगे तो ठीक, नहीं

तो शाम को आ जाऊँगी लेकिन जब मैं गई तो वो जागे हुए थे और देखकर बोले, 'बहुत देर कर दी।' मैंने बताया कि बहुत जाम मिला। फिर मैंने कहा कि आपने दवा खाई होगी, आप सो जाते। मैं शाम को आ जाती। तो उन्होंने इतने स्नेह से कहा कि 'तुमने कहा था न आने के लिए। तुम इतनी दूर से, इतनी धूप में आई हो तो मैं तो घर में ही हूँ, कर लूँगा आराम।' कितने सहज होते हैं हमारे बड़े लोग। कितना सारा प्यार दे देते हैं अपने से बहुत छोटों को। यही सहजता मुझे पद्म विभूषण गोपाल दास नीरज जी व निर्मल वर्मा जी में मिली। खगेंद्र ठाकुर जी, विभांशु दिव्याल जी, बुद्धिनाथ मिश्र जी भी ऐसे ही सहज हैं। राँची में दस वर्षों से हूँ। झारखंड में भी वरिष्ठ साहित्यकार ऐसे ही सहज हैं। मुझे इस बात की भी खुशी है कि उनसे बहुत कुछ सीखा है और सीख हमेशा साथ रहती है, जैसे मेरी माँ और पापा की सीखें हमेशा मुझे रास्ता दिखाती हैं।

ऐसे खुशी के अवसर पर अपने नन्हे-मुन्ने परिवार को कैसे भूल सकती हूँ जो मेरी ताकत है। राजेन्द्र और हेमाभ को धन्यवाद क्या, ढेर सारा प्यार। संग्रह को लेकर तमाम ख़्याल मन में थे। मन में आया कि इस संग्रह का आवरण चित्र अगर प्रख्यात चित्रकार दिनेश सिंह जी बना दें तो कितना अच्छा हो। दिनेश जी कई प्रतिष्ठित सम्मानों से नवाज़े जा चुके हैं और उनकी कृतियाँ पूरे झारखंड में जगह-जगह देखी जा सकती हैं। मैंने उनसे बात की और वह तैयार हो गए। उनका विशेष आभार- 'चोंच भर बादल' को रँगों में उतारने के लिए। सबसे ज़्यादा आभारी हूँ 'भारतीय ज्ञानपीठ' की जिसने मुझे आप सब तक इतने सुन्दर रूप में पहुँचाया। प्रकाशन प्रक्रिया से जुड़े भारतीय ज्ञानपीठ के समस्त मित्रों का आभार। मेरे मन में जो भाव आए उनसे शब्दों की तस्वीरें बनाने का प्रयास करती रही। किसी तस्वीर में वॉटर कलर भरे, किसी में ऑयल, किसी में वैक्स तो कुछ को स्केच से ही उतारने का प्रयास किया। कलाकार तो कला में ही जीता है और उसी में मर भी जाता है। ये देखने वालों की नज़रें हैं कि उन्हें क्या, कैसे भाता है। मैं तो रचनाकार की भूमिका में हूँ। कुछ प्रयास ही किए हैं मैंने लेकिन वो पूरी ईमानदारी से किए हैं। मुझे इतना विश्वास तो है कि आप सबका भरपूर स्नेह मिलेगा और इस स्नेह के अलावा चाहिए भी क्या?

—वीना श्रीवास्तव

अबकी बारिश में

अबकी बारिश में
यादों के बादलों से होगी
तुम्हारे सपनों की बारिश
मैं भीगूँगी पोर-पोर
नन्ही बूँदों को समेटकर हथेली में
जमाऊँगी अपने प्यार की बर्फ
और बूँद - बूँद पियूँगी
तेरे प्यार का अमृत

अबकी बारिश होगी कुछ यूँ भी
सारी वादी का जल
समेट लूँगी अपने केशों में
और लेट जाऊँगी किसी कुएँ मुँडेर पर
फैला दूँगी अपना आँचल
जिससे छनकर भर जाएगा कुँआ
मैं उड़ जाऊँगी मेघों संग
फिर-फिर भरकर लाऊँगी जल
और जीवन सीमा तक भरती रहूँगी कुआँ
ताकि लोगों को मिलता रहे जीवन
अबकी होगी कुछ ऐसी ही बारिश।

याद रखना! औरत हूँ

मैं तुममें नहीं बसती
अलबत्ता तुम
जिस्म के किसी हिस्से में
अभी भी टीस देते हो
कैक्टस की तरह
मुझे एक भी पल नहीं याद
प्यार का, मनुहार का
मुझे रौंदे जाने की कहानी
कभी बयाँ की
भंवर में फँसी आँखों की
शून्य में खोई पुतलियों ने
तो कभी सफ़ेद चादर पर पड़ी सिलवटों
और उस पर पड़े रक्त रंजित धब्बों ने
शृंगार को पूर्ण करता है लाल रंग
ख़ून से लथपथ काया भी
पूर्ण करती है जीवन का अन्तिम सफ़र

तुम्हें सफ़ेद रंग बहुत भाता है
क्योंकि तुम्हें वो स्पष्ट दिखाता है
एक औरत पर
बलात् प्रयास की मर्दानगी
तुम्हारी माँ की सिसकियाँ भी
बाँध दी गयी थीं

तुम्हारे पिता के पलंग के पैताने
बेडरूम की दीवारों में चिना उनका दर्द
वहीं हो चुका था दफन
मैं भी पाल रही हूँ एक कैक्टस
अपनी कोख में
इस कैक्टस पर खिलेगा एक फूल
जो फलेगा ऊँचाइयों पर जाकर
तुम्हारी पहुँच से बहुत दूर
क्योंकि तुम्हारे बलात् प्रयास को
सींचा है मैंने कड़वे सच से
उसे बेबसी का नहीं
पिलाया है स्वाभिमान का दूध
उसके हाथों में चाबुक नहीं
दी है एक रेशम की डोर
औरत के सम्मान की
अब तुम्हारे रंग महल के कब्रिस्तान में
कोई चीख़ नहीं होगी दफ़न
मैं औरत हूँ
याद रखना
कैक्टस पर भी
फूल खिलाना जानती हूँ
मिटना ही नहीं
मिटाना भी जानती हूँ।

आज की औरत

मील का पत्थर बनते-बनते
ख़ुद पत्थर हो गयी
आज की औरत

मंज़िल से कोसों दूर
दबी है मर्द के अभिमान के नीचे
ऊपर होने का सुख
बँधा पौरुष के खम्भों से
पत्थर की देवी को पूजते-पूजते
तुमने उसे भी बना दिया शिला
उसके जिस्म पर उकेर दी
अत्याचार की इबारत
वो
पत्थर की एक अहिल्या थी
आज हर राह, मोड़, गली, नुक्कड़, घर
घर की हर दीवार
दीवार की हर खिड़की
हर रौशनदान में
क़ैद हैं जाने कितनी अहिल्याएँ

आज क्यों नहीं आते तुम खाने
शबरी के झूठे बेर?

हाँ, आज बेर नहीं
शबरियाँ हो रही हैं झूठी
ओ मर्यादाओं से बँधे राम
कितनी सीताओं को करवाओगे वनवास
कितनी द्रोपदियों का होगा चीर हरण
माएँ ख़ामोश हैं
पिता के होंठों पर पसरी है
मरघट सी-ख़ामोशी
पैसों की गूँज है
घर की हर ईंट में
जहाँ दब गयी है
पत्थर की बेबसी

मील का पत्थर होती है औरत
जिसके सहारे पुरुष नापता है
अपनी हैसियत।

माज़ी

मेरा माज़ी मेरा आज है
मेरे माज़ी पे मेरा राज है
जो कल गुज़रा, उसका अन्धकार क्यूँ ठहरे
जब गुनगुनाती भोर का आग़ाज़ है
वक़्त के चाँद पे जो बादलों का साया है
आँसुओं के समन्दर ने तपाया है
आँसुओं की लहरें ही वापस साहिल पर लाएँगी
डूबती नैया पर वक़्त का पाल लगाएँगी।

हमें फ़र्क नहीं पड़ता

उसकी डोली नहीं उठ पा रही
वह रातें खा रही है
दिन पी रही है
सूरज को निचोड़कर
हमें फ़र्क नहीं पड़ता

बच्चों की ज़रूरतें आसमान हो गयीं
इज़ी मनी की शोहरत आम हो गयी
उँगलियों में लम्बे नाखून
लबों पर श्लील लफ्ज़ कहाँ
हमें फ़र्क नहीं पड़ता

बच्चियों के सीने पर सरकते हाथ
भीड़ में लड़कियों को नापती नज़रें
तितलियों के उजड़ते रंग
नुच न जाएँ पंख, ख़ामोश हैं वे
हमें फ़र्क नहीं पड़ता

कोई अस्पताल में मर रहा
कोई घर में, कि पैसे कहाँ
घरों में सूखी हड्डियों से जलते चूल्हे
धँसी हुई बूढ़ी आँखें

मौत के सिवा क्या माँगें दुआ
हमें फ़र्क नहीं पड़ता

स्कूल से दफ्तरों तक
सच का जनाज़ा
अपनी कमाई
वो माँगें आधा
और...हमें फर्क नहीं पड़ता

फ़र्क हम पर भी पड़ेगा ज़रूर साहब
क्योंकि नहीं उठे विरोध के हाथ
लेकिन–उस वक़्त...उस वक़्त
कोई नहीं होगा
हम पर पड़ने वाले फ़र्क को
महसूसने के लिए।

विश्वास की नाल

जीवन की राहों में
मील के पत्थर कहाँ तक गाड़े जाएँगे
न राहें खत्म होंगी और न राहों के रोड़े
तेज रफ्तार के लिए घोड़ों के पैर में
ठोकी जाएँगी कीलें
कील ठुकी नाल पे वो दौड़ेगा सरपट
और हम छाले भरे पाँव पर रेंगेंगे केंचुए की तरह
आओ हम भी ठोकें नाल विश्वास की
भरें कुलाँचें विकास की।

मेरे हिस्से की रोटी

मेरे हिस्से में प्रभु ने लिखी थीं
पाँच रोटियाँ
रोटी मिलने की शर्त थी
पहली देनी होगी गाय को और आख़िरी...
आख़िरी कुत्ते के लिए हो गयी सुरक्षित
पहली और आख़िरी निकल गयी
ख़ुश थी बेहद कि तीन हैं अपनी किस्मत में
तीसरी रोटी में लग गयीं चीटियाँ
चौथी हाथ में देखकर कौवे मँडराने लगे
और बिल्ली की लगी थी नज़र
उसने मारा झपट्टा और छीन ले गयी कोने में
आखिरी की पुंगी बनाई थी
कि बन्दर की तेज़ छलाँग
छीन चुकी थी मेरे हाथों से मेरी आख़िरी रोटी
मेरे सामने बची थी चींटी लगी रोटी
जिसे उनका झुंड चाट-चाटकर
कर रहा था खोखला
प्रभु ने पूछा
क्यों बच्ची, तुझे मिलीं मेरी भेजी रोटियाँ?
अगर न मिलती हों तो न दूँ कल से!
और मुझे कल की आस
नहीं कोई और उजास
शायद इस बार मिट जाए भूख़ की आग।

दोहरा चरित्र

ता—उम्र
दोहरा चरित्र जीकर भी
स्त्री रचती है, त्रिया चरित्र की परिभाषा
जीवन की ऊष्मा जमती है
पिघलते सूरज के हाथ
चाँद दहकता है चूर होने के लिए
रात से दिन का सफ़र
तय करती है
शरीर और आत्मा के प्रतिरोध के साथ

गुड़िया
यौवन द्वार पर बन जाती है कठपुतली
उसकी कमर कब, कहाँ लचकेगी
कब लगेंगे ठुमके और
कब तक नाचते-नाचते
उसे सुर्ख़ करनी होगी सफ़ेद चादर
तय करेगा सूरज
रफ़ू किये घावों पर
सुबह भरेगी जीवन के रंग

लहू पिलाने को भरेगा आँचल
ख़ुद बनेगी ठूँठ बुढ़ापे में
पसीने को चुपड़ते-चुपड़ते
ख़त्म हो जाएगा

देह का सारा नमक
आँसुओं के छौंक से
बढ़ाएगी स्वाद भोजन का
और नमी बचाकर रखेगी
अगले दिन के लिए

होंठ फैलेंगे बेवजह
इंच भर मुस्कान को पीना होगा
सत्तर फीसदी–सा कड़वा घूँट
टिमटिमाएँगी बुझी आँखें
नहीं भर सकेगी रोशनी जिस्म में
एक नन्हे तारे को
सूरज बनाते–बनाते
खुद समा जाएगी
दलदल की कीच में

वो सीएगी चिन्दी–चिन्दी आशाएँ
ढाँपेगी कतरनों से जीवन
अपनी आशाओं की कब्र को
रोज़ सींचेगी दुआओं से
जीवन की वसीयत में कुछ भी नहीं उसके नाम
ख़्वाबगाह में पलेंगे आँसू
ख़ुद बिछेगी खाद बनकर
अंकुर फूटने के लिए
रिसेगी धरा की तरह

* * *

मन में कुछ और है
जीवन में कुछ और
मन या जीवन, जीवन या मन
रात में चाँद उगता ज़रूर है
रात में चाँद चलता ज़रूर है

लेकिन सूरज के आगे ?
सूरज ही चलता है
सूरज ही पलता है
मन की ऊष्मा को चाँद चाहिए
दिन में भी

सदियों से चल रहा है
मन से जीवन का
प्रतिरोध का सफ़र

गुड़िया काठ की हो गयी
बँध गयी अदृश्य रस्सियाँ
जो दिखती नहीं
होती रहती हैं
चाँद की जगह सूरज
मन खो गया जीवन से इतर

गुड़िया प्रक्रिया हो गयी
चाँद से सूरज तक के सफ़र की
मन के जीवन में अन्तरण की
जो दिखती नहीं
बस होती रहती है
जीवन सूरज, सूरज जीवन
अन्तर में सूरज का तम

गुड़िया मुस्कराती है
गुड़िया बचाती है
गुड़िया बनाती है
गुड़िया निभाती है
गुड़िया घुटती है
गुड़िया मिटती है
और फिर-फिर आती है गुड़िया
काठ की होने को।

मत बनाओ इंसानों को अस्त्र

कबसे भटक रहे हो
कट-काट रहे हो
मानवता के उपले बनाकर
नफ़रत की पुआल में रेशे-रेशे जला रहे हो
मन्दिर के गर्भ गृह
मस्जिद की अज़ान
गुरुद्वारे की अमृत वाणी
या फिर चर्च में सलीब की ठिठुरन में ही
क्यों काँपती है तुम्हारी निर्जीव माटी
धर्म के कुहासे में कब तक
करते रहोगे नर संहार ?
कब तक कलबूते दिखाकर
दुहते रहोगे इंसानियत का दूध ?
बहाते रहोगे मर्यादा, भाईचारे का रक्त ?
इंसानवाद घायल हो रहा है
भ्रष्ट सेही के काँटों से
कछुए के खोल सरीखा
नहीं है कठोर धर्म का साम्राज्य
पिलपिले लिजलिजे धरातल पर
टिकी है आकाओं की बस्ती
सीप में छुपे मोतियों के लिए
मत काटो उस सीपी कीड़े की कोशिकाएँ
उसे पकने दो, जीने दो
मरने के बाद खोल और मोती दोनों तुम्हारे हैं

लाशों पर खड़े होकर मत झाड़ो भाषण
मत बनाओ इंसानों को इंसानों का अस्त्र
अस्त्र का वार, बन्दूक़ की गोली
भेद नहीं करती।

मुंडन

सीरिया, लीबिया, इराक
नक्शे में जाने कहाँ-कहाँ
मर-खप गये लोगों के झुंड
आवाज़ें सायरन की तरह बजती रहीं
आज बनने से पहले दफ़्न हो गये
इतिहास के खंडहरों में
आड़ी-तिरछी, ऊपर-नीचे
जाने कितनी रेखाएँ और
उसके जालों में फँसा जीवन
तड़प रहा है, कराह रहा है
बार-बार इंसानियत खोलती है
नफरतों का जूड़ा
और झटक देती है उससे
न जाने कितनी जुएँ, कितनी लीखें
और फिर जब तक वो खोजते हैं अपना ठिकाना
वो फिर से बाँधकर जूड़ा
तैयार करती है
तबाही के लिए अगली खेप
जब तक बँधता-खुलता रहेगा जूड़ा
नफ़रतों के कीड़े पनपते रहेंगे
इंतज़ार है मुंडन संस्कार का।

लाल सलाम

दर्दों के आकाश पर
लिखना चाहती हूँ लाल सलाम
ताकि धरा पर न हो सके और रक्तपात

ख़ून के बहते धार को रोकने में
हमारा भी रक्त रिसेगा निश्चित ही
वैसे भी
आधी दुनिया के रक्त रिसावी चक्र से ही
जन्मी है तुम्हारी दुनिया
हमें आँकने में तुमने भूल की
तुम्हारे दिमाग के कोठर में लिजलिजे कीड़े हैं
दीमक ने चाट लिया तुम्हारा रेशा-रेशा
अगर हमने तुम्हें शनीली रातें दी हैं
तो जीवन संघर्ष में
कभी तुम्हारी ढाल बने तो कभी तलवार
उर्वियों की तीव्रता, उसके चक्र
उसके भीतर का कम्पन तय करता है
भीतर तक खंडित मन-पराग
बह चुके हैं हवा के साथ
अब वो दिन दूर नहीं
जब धरा पे होगी हमारी क्रान्तिकारी फ़सल
अभी कटी नहीं है
हमारी गर्भनाल।

औरत का धर्म ?

औरत का कोई धर्म नहीं होता
उसका धर्म तय करती है पुरुष जात

वो तय करता है
किस वक़्त होगा
उसकी भावनाओं का हवन
किस वक़्त चढ़ेगा प्रसाद
उसके शरीर का
किस वक़्त वो बनाएगा उसे अपनी ढाल

पुरुष ने आदिकाल से रचे धर्मग्रन्थ
नारी के शरीर और उसकी आत्मा पर
उसके रिसाव की स्याही से रची गयीं रचनाएँ
टुकड़ों में बँटकर-कटकर भी
जीवन के चारों छोर पर
खड़ी रही मजबूत स्तम्भ बनकर
और पुरुष ने दुर्गा की पूजा कर
बना दिया उसे देवदासी

क्योंकि...
वो नहीं पढ़ती चौपाई
विरोध की
उसके होंठों पर नहीं गूँजतीं आयतें
समानता की
वो नहीं गाती अपने हक़ की

गुरुबानी
पुरुष चलाता रहता है कुदालें
उसकी कोख पर
और वो धरती की तरह उगाती रहती है
उसकी नस्लें
यही है उसका धर्म।

उगूँगी तुम्हारे अरमानों पर

मैं नारी हूँ
गंगा की धार हूँ
जिसमें बहाओ कितने भी गंदे नाले
सबको शुद्ध करने वाला नीर हूं
अर्चना, आचमन, आत्मा से शरीर
सब पावन कर जाती हूँ
मैं गंगा जल हूँ
जीवन देने वाला पल हूँ
नारी हूँ, हर हाल में जी सकती हूँ
घास हूँ, कहीं भी उग सकती हूँ
अब उगूंगी
तुम्हारे अरमानों पर भी

हासिल ?

सत्तर और एक
इकहत्तर बरस
एक उम्र पूरी कर ली मुल्क ने
हासिल ?
मकान चमक रहे हों
गाड़ियाँ दौड़ रही हों मल्टीलेन सड़कों पर
बुलेट ट्रेन की ख़्वाहिशें
डिजिटल-डिजिटल
ईमानदारी और देशप्रेम के नारे
लेकिन
इन सबके नीचे
क्या हिन्दुस्तान कराह नहीं रहा बाबू !

सारे जहाँ से अच्छा हिन्दोस्ताँ हमारा
हम बुलबुलें हैं इसकी, यह गुलिस्ताँ हमारा
किसका गुलिस्ताँ ? कैसी बुलबुलें ?
इकरंगी गुलिस्ताँ, पिंजरे में बुलबुलें
कहो रहनुमाओं से
बताओ रहनुमाओं को
गुलों पर इकरंगी पहरेदारी
नहीं है बुलबुलों को प्यारी
हर रंग यहाँ ज़रूरी है
बात गुलों की हो
या बुलबुलों की।

सच ?

बहुत दुहाई देते हो
सच की, संस्कार की
आज कहती हूँ सच
सुन सकते हो... ?
स्वीकार कर सकते हो... ?
स्वीकार कर सकते हो तो करो...

हाथ मिलाने के लिए
अपनी दोस्त के बढ़े हाथ देख
मन नहीं किया कि खींच लूँ उसे
अपनी बाँहों में
और मसल डालूँ उसका रोंआ-रोंआ ?

सच बताना
रात में घर छोड़ते वक़्त
कितनी बार डोली नीयत ?
किसी सुनसान राह में
झाड़ी में, रेत पर
रोड़ी पर, कार में
ट्रेन के केबिन में
ऑफ़िस के सन्नाटे में
किसी बनते हुए घर की
अधूरी दीवारों में
उसे गिरा दूँ नीचे

और बहा दूँ अपनी बदनीयती का
ग़न्दा नाला?

आज सच ही बोल रहे हो
तो बताओ
तेज हवाओं में कितनी बार मन मचला
कि काश! हवा में उड़ जाए
तम्बू-सा स्कर्ट
और दिख जाए उसका अस्तर
सच की बात करते हैं...

सच, सच, सच?
किसका सच? कैसा सच?

घर से सड़क
स्कूल, कॉलेज, एकान्त, भीड़
पादरी, मुल्ला, बाबा,पुजारी
नेता, दोस्त, दुश्मन
हर जगह, हर रिश्ते में
सामने आता, खोता, छिपता सच
कहाँ है सच?
और है
तो क्या आगे आकर स्वीकार करोगे?
जानते हो न, सच क्या है?
यही है सच...
जो स्वीकार्य नहीं।

ऊपर चढ़ते लोग

ऊपर चढ़ते लोग...
हाँ, ऊपर चढ़ते लोग
शीर्ष पर पहुँचे लोग...
विशेष होते हैं
और विशेष होते हैं इनके रास्ते
इन रास्तों की ईंटें पकती हैं
लाशों का भट्ठी में
काटा जाता है लोहा
सूखी, जर्जर हड्डियों से
मजबूती के लिए सीमेंट को साना जाता है
निचुड़ी छातियों के लहू से
मोरंग भी होती है स्पेशल
भवनों में भुने चूज़ों को मसलकर
मिलाया जाता है/ वादों की रोड़ियों में
और अभावों में फाँसी लगी रस्सियों से
नापी जाती है ऊँचाई
जितनी लम्बी रस्सी
उतनी बढ़ती है ऊँचाई, रेलिंग की जगह
लगते हैं मतलब के कन्धे
लाचारों की पीठ
बनती हैं मज़बूत सहारा
और हाँ, नक्शा पास होता है
क़ैद बुलबुलों की चीख़ों से।

क्या लिखूँ?

कलम चलाऊँ तो क्या लिखूँ?
नंगी पीठ पर लिखना चाहती हूँ
तुम्हारा चाबुक थका है
हमारी पीठ नहीं
घुप अँधकार में आँखों के दीये रौशन कर
चीख़ना चाहती हूँ
आओ नोचो मुझे
पैरों के तलुए में बिवाइयाँ फड़फड़ा रही हैं
नासूर बनकर टपक रही हैं उँगलियाँ
फिर भी खड़ी हूँ मशाल लिए
किसी न किसी को जलना होगा
ज़ुल्म की भट्ठी में गलना होगा
मेरी रक्तरंजित देह से भरेगा
मानव के पाप का घड़ा
मैंने देह कर दी तुम्हारे नाम
और शव अघोरियों के नाम
अब भी सभ्यता के राम
तुमको किसकी प्रतीक्षा है?

किस्मत में नहीं...गोल

वो रोज़ कपड़ा बुनती है
मगर बेटी का
तन नहीं ढाँप पाती
वो चमड़े से बनाती है जूते
और नन्हे के पाँव का चमड़ा
तपती रेत में भुनकर, टपका रहा है लहू
वो घर बनाने के लिए ढोती है ईंट-मौरंग
ख़ुद रातें गुजारती है
छप्पर के नीचे
वो रोपती है धान
और बच्चों के पेट का कटोरा
रह जाता है ख़ाली
उसके अरमानों की फ़सल को
रोज़ मार जाता है पाला
वो दिन भर करती है मेहनत-मजूरी
हड्डियों से तोड़ती है पत्थर
उसके बच्चे नहीं जानते लाल, हरे, नीले झंडे
अक्सर भर-भर मुट्ठी
ज़िन्दाबाद-मुर्दाबाद चिल्लाने से
मिल जाती है पूरी-अचार
उसके बच्चे चीन्हते हैं बस एक ही आकार
गोल...
जो उनकी क़िस्मत में नहीं।

मेरे कन्धे पर बैठा शहर

मेरे कन्धे पर बैठा
ये मेरा शहर
कहता है, ले चल मुझे
पुराने पीपल की छाँव में
शहर जलने को है
नदी तीर बैठ जा तू
मुझे दबा दे रेत के नीचे
वहाँ तक नहीं सुलगेगी आँच

मेरा शहर पुकार रहा है
कह रहा है
जंगल की ओट में
हरियाली की दोहर ओढ़े
फूलों के मेले में
छोड़ आ मुझे
फूलों की फुनगियों को
चूमना चाहता हूँ मैं

क्या बताऊँ तुझसे मेरे शहर
नहीं बची वो पीपल की छाँव
ठूँठ बनी ज़िन्दगी पी रही हैं मेरी जड़ें
फूलों के रेशे तार-तार हैं
मछलियाँ तड़प रही हैं
नदी तल में कछुए

तरस रहे हैं
एक मुट्ठी धूप के लिए

अब शीतल बयार में बतियाते पेड़ नहीं
अट्ठाहास करती अट्टालिकाएँ हैं
जब धरती तरसे है एक मुट्ठी धूप को
तो हमारी फुनगियों पर धूप कैसे बैठेगी
हम तो इतिहास बन गये
बादलों का परिहास बन गये
बेज़ुबानों की आँखों से
टपक रहा हूँ लहू बनकर

मेरे शहर में नहीं बचे
अमलतास के लहराते झूमर
बोगनबिलिया की मदमस्त झालरें
गुलमोहर के गुलदस्ते
नहीं खिलते ज़ेकरेंदा के बैंगनी फूल
बची है तो धूल
जो झोंक रहे हैं मठाधीश
हमारी आँखों में

मेरे शहर में नहीं बची
पानी पर तैरती हमारे सपनों की पीली धूप
झूलों में नहीं पलतीं सपनों की पींगें
रमुआ, छम्मो, शबनम, करतार
दीवारों पर चढ़कर नहीं देते आवाज़
बस्ते में भी नहीं महकती इमली की खट्टी गन्ध
कंपट, लेमनचूस, चूरन की गोलियाँ
अलबत्ता बरसती हैं बन्दूकों से गोलियाँ

मनसूबों की जंग में पार हो गयीं हदें
मिट्टी से दूर हवा में पल रहा है जीवन

टोपी झुक गयी सजदे में, टीका मूरत के आगे
बिख़र गया रेत बनकर हमारा शहर
उड़ते ग़ुबार में ध्वस्त हो गया भाईचारा
नयी कौम जन्मी हुक्मरानों की
जो पहले लगाती है आग
फिर सेंकती है रोटियाँ और अपने हाथ।

क्षितिज पर

हर तरफ आज़ादी
बिखरे फैले जँगल
लहलहाती फ़सलें
दौड़ती सड़कें
आज़ाद पहाड़
गिरते झरने
चहचहाती झीलें
उड़ते पँछी
अमृत के सागर
चमचमाती बुलेट ट्रेनें
21वीं सदी की चमत्कारी रफ़्तार
नारी–पुरुष को नापने का एक फीता
लड़कियों के लहराते बेख़ौफ़ आँचल
महिलाओं की निडर चहलक़दमी
बच्चों के नन्हे सुरक्षित कदम
सब कुछ तो है
वो... वहाँ
क्षितिज पर

पुरुषत्व

तुम पुरुष हो
तो क्यों नहीं जीते पौरुष के साथ ?

क्यों लटके रहते हो
नारी के अधरों पर
क्यों झूलते हो
कमर की लचकन पर
क्यों तुम्हारी नज़रें जम जाती हैं
उसके उभारों पर ?
चाँद में भी दाग ढूँढ़ने वाले
क्यों नहीं दिखाई देते तुम्हें
नारी के बेबस आँसू
उसके बच्चे, कमसिन काया, मजबूरी
उसके जीवन भर का दुख ?

पुरुष हो तो पैदा करो खुद में इतनी ताकत
कि जीत सको एक औरत का दिल
प्रतीक्षा करो उस पल की
जब वो ख़ुद वारे तुम पर
अपना तन-मन
तुम तलवार हो
काटना फितरत तुम्हारी
मैं सूई
सिलते जाना आदत मेरी

तुम लूटते, भोगते हो
शक्ति के बल पर
कोख़ से जन्म लेकर
रौंदते हो कोख़ को ही
शर्मसार कर देते हो
पुरुष जाति को

मिट्टी की गगरी चाहे जितनी पकी हो
टूटकर नहीं जुड़ती
तुम वो किसान नहीं
जो हाड़-मांस गलाकर
खिलाता है फूल प्यार के
तपती दोपहरी में
चलता है शीतल बयार-सा
कुहासे वाली रात
तन जलाकर करता है रोशनी
तुम क्या करते हो ?
तुम पुरुष हो तो पुरुषत्व का मान रखो

याद रखना
माँ के ऋण से
उऋण होना है तुम्हें
मान रखना है
माँ की कोख़ का
और सम्मान
अपने पौरुष का।

आज़ादी

ये विशाल समुद्र
समुद्र में चंद नावें
नावों में सवार चंद लोग
बैठे हैं दाना लेकर पंछियों के लिए
जो चुग रहे हैं फेंके दाने
कभी इस नाव पर, तो कभी उस पर
वो... जो साहिल पे बैठे हैं
अरे वही...
जो पँखों में हवा भरना भूल चुके
उनकी आतें उलटने को हैं
जी रहे हैं अन्तिम साँसें
क्योंकि...वो खो चुके हैं क्षमता
मँडराकर दाना चुगने की

और दूसरे
जो हलक़ान होने के लिए
पँखों में नहीं भरते हवा
वो देख रहे हैं तमाशा
कठपुतली के खेल का
वो अपनी मर्ज़ी से जीते हैं
मर्ज़ी से चुगते हैं
टुकड़ों के लिए मँडराते नहीं
अपने बच्चों को सिखा रहे हैं
ख़ुद के हौसलों को परवाज़ देना

क्योंकि...वो नहीं चाहते
चंद लोगों के हाथों में खेलना

चोंच भर बादल...

हम चाहिए मुट्ठी भर धूप
छुपन - छुपाई खेलती छाँव
चोच में भरा बादल
अठखेलियाँ करती
चुटकी भर हवा
घाट म चहकती ज़िंदगी
पानियाँ पर खिलता जीवन
लेकिन किस लिए, किसके लिए
किस काम का है यह घर-आँगन ?
यहाँ नहीं गुनगुनाता मन

जनाब, ये घर-आँगन नहीं
महल है लोहे का
जहाँ न खुलता है दरवाज़ा
न उगता है दाना
यहाँ साँसें दौड़ती नहीं
रेंगती हैं, बिलबिलाती हैं
लोहा गलाने को
ख़ुद को जलाना होगा
अँगार बनकर
हौसलों को तपाना होगा
शायद गल जाए
लोहे का भवन
और फिर मिल जाए
'मुट्ठी भर धूप'
'चोच भरा बादल'

सभ्यता की सीढ़ी

कलुवा, मुनिया, बलमी, छिन्नू
कोई नहीं जाते स्कूल
रोज़ सीखते हैं हिसाब
घर में बनी रोटियों से
धरती पर सत्तर फ़ीसदी पानी है
जानते हैं डूबे हुए दो आलू की सब्ज़ी से
फिर भी पानी की किल्लत है
क्योंकि सूख गये हैं
कुएँ, बावड़ी, बम्बा और तालाब
इतिहास बताता है सदियों से
ये गाँव जी रहा है यूँ ही
भूगोल भी पता है
उनका गाँव गोल जो है
छेदी के घर से शुरू होकर
छेदी के घर पर ही हो जाती है परिधि पूरी
सुना है लोग बोलते हैं अँग्रेज़ी
जो ज़रूरी है विकास और पढ़ाई के लिए
वहाँ न कोई आर्य आया
न पहुँच पाए गोरे
वो कैसे चढ़ते सभ्यता की सीढ़ी
फिर भी चीन्हते हैं
माँ का आँचल, बहन का हाथ
भाभी की ममतामई मुस्कान

जुम्मन चचा के कड़कने पर
आज भी काँपते हैं हाथ–पाँव
कुत्ते, मुर्ग़ियों, सूअर, बकरी और गाय–भैंसों के संग
आज भी याराना है उनका
आज भी मिलकर वो बनाते हैं ताज़िए
और दबाते हैं माँ के पाँव।

चाँद को चाँद बनाना होगा

कितने शब्दों को वाक्य कहती जाओगी?
कितने सूरजों को चाँद करती जाओगी?
कितने दिनों को रात और
महीनों को साल बनाती जाओगी?
जीवन खेल है, तुम भी खेलो
अब तक हारती ही तो आई हो
लेकिन अगली बार
जीत निश्चित है
एक बार जलने दो सूरज को
उसके ख़ुद के ताप में
अपने चाँद को खिलने दो
मचलने दो, बहकने दो
चाँद को चाँद रहने दो
अब तक सबने चाँद का
एक ही चेहरा देखा
वक़्त आ गया कि
दुनिया देखे
चाँद का दूसरा चेहरा

न्याय होगा शोषितों के हाथ

आज मन में आया
मैं भी क्यों न उठा लू हाथों में
बग़ावती लाल झंडा?
शोषितों की कतार
दलितों से शुरू होकर
हम पर ही तो ख़त्म होती है!
सामाजिक शोषण-हिंसा का शिकार
दलित ही नहीं
हम भी हैं,
मुट्‌ठी भर ताकतमंद
मर्दों की मनमानी के शिकार

यही नहीं
नारी देह की बहती गंगा में
कुछेक दम्भी पुरुष
अक्सर धोते आए हाथ
जब-जहाँ-जैसा पानी मिला
गन्दा, मैला, कुचला, उथला, गहरा या छिछला
ज़रूरी नहीं, भरी-पूरी नदी हो
छोटी-छोटी कीचड़ भरी बावड़ियों में भी
उतरने से बाज़ नहीं आते
तथाकथित मर्द
किसी से नहीं उम्मीद न्याय की
दलितों, पिछड़ों और महिलाओं का जीवन

आज भी है
उड़ती हुई बरसाती पाखी की तरह
जिसके पंख झड़ते ही
तमाम जीव रहते हैं मुँहबाये
आहार बनाने के लिए
कितनों ने अपनाई ख़ुदकुशी की राह
ये सोचकर
गिद्धों से नुचवाने से बेहतर है
ख़ुद ही करनी देह निष्प्राण

मगर मैं यूँ नहीं मानूँगी हार
मैं उठाऊँगी बग़ावती झंडा
ज़रूरत पड़ी तो सजाऊँगी चिता
हर उस अत्याचारी को
करूँगी आग के हवाले
जिसने मजबूर किया बच्चों को
फाँसी पे लटकने को
उनको मारा तड़पाकर

बहुत कर लिया विश्वास आकाओं पर
कच्ची से लेकर चमचमाती सड़कें
सब बिक चुकी हैं
और भवनों के दरवाजों की चाबी भी
अब महलों में नहीं होगा न्याय
न्याय होगा
इन्हीं शोषितों की बस्ती में
शोषितों के हाथ।

निस्बत

वो जो बूढ़ी अम्मा बैठी है
झुर्रियों वाले चेहरे से
झाँककर देख रही है
जीवन का तमाशा
वो कैसे
धान के बदले ख़रीदती थी
गुड़, नून, शक्कर
और आधी धोती लपेटकर
करती थी खेतों में काम
अब उसकी नातिन ढाँपती है पूरा बदन
और कई जोड़ा नज़रें
नापती हैं उसका रोआँ-रोआँ
बींधती हैं उसके जिस्म को
अल्ट्रा वायलेट किरणों-सी
झुलस रही है उसकी काया
सौदा देते वक़्त उसका हाथ पकड़ने के लिए
जबरन थमाते हैं कुछ टॉफ़ियाँ
नातेदारों का भी बढ़ गया आना-जाना
उस बूढ़ी पे भी खाने लगे तरस
सोचती हूँ तो लगता है
जितने साल नहीं बदले
उससे ज्यादा बदल गयी है ज़िन्दगी
ज़िन्दगी के मायने और निस्बत के रंग।

फ़ैसले

फ़ैसले...
यहाँ वहाँ तैर रहे हैं हवा में
झूल रहे हैं पेड़ों की डाल से
कुछ अटके हैं फुनगी पर
कुछ रेत के नीचे दबकर
रिस रहे हैं घावों की तरह
चाहकर भी नहीं आ पा रहे हैं रेत के ऊपर

कभी बरपाते हैं शोर
टिटहरी की भाँति रात में
भोर होते ही लटक जाते हैं उल्टे
दिन भर काँव-काँव करते
क़ैद हो जाते हैं काले कोटों के बटनों की कोर में
सियासी टोपीबाज़ों की चालों में
कुछ रहन रख देते हैं ज़मीर अपना
फ़ैसलों के इंतज़ार में आमजन
बन जाता है इतिहास
बरसों से कुछ फ़ैसले बैठे हैं
घरौंदा बनाकर संसद के गुम्बद पर
उन्हें डर है वो कैसे कूदें नीचे
कहीं ऐसा न हो
उनके बोझ तले दबकर
शर्मिंदा हो जाए जनतंत्र

प्यार बिकता है

प्यार अब खिलता नहीं
बिकता है बाज़ार में
नोटों की खड़खड़ में
सिमटा है जीवन
सपनों को नसीब नहीं होती
एक मुट्ठी धूल
फिर भी हवाओं में
उड़ता है जीवन

जीवन घट भरा है कीच से
फिर भी नहीं खिलता
प्यार का कमल
बच्चों का मन
नहीं रमता
परियों की कहानी में

झूले की पींगें
बढ़ती हैं मोटर की रफ्तार में
सब कुछ मिलता है पैक
भावना पैक
सम्मान पैक
अपमान पैक
जीने का ढंग पैक
पिट्ठू गरम और पकड़म-पकड़ाई

के खुले मैदान
सिमट गये हैं
गेम जोन में
रोटी खो चुकी है पिज्जा में
खुशियाँ ख़रीदते हैं
बैंक के लोन
फिर भी कम पड़ जाता है
कम्फ़र्ट ज़ोन।

दुआ

तुम्हारे प्यार का बसंत
भर - भर गया मुझे
तन सरसों, मन पलाश हो चला है
मैं बसना चाहती हूँ
तुम्हारी यादों के घनघोर वन में
खो जाना चाहती हूँ
किसी वादी की अल्हड़ जलधारा में
बस इतनी - सी दुआ है
कभी न लौटूँ
मानव की बस्ती में
मैं जानवरों से निबाह कर लूँगी
नहीं जीत सकती
जानवर बने इनसानों से
जीने को काफी है
तुम्हारे प्यार की सोंधी महक

ठूँठ साँसें

जीवन नहीं रहा
हरा-भरा, घना पेड़
घड़ी की टिक-टिक करती सूई
जंगल की बलती आग
और पुरवाई-पछुआई के बहाव में
झड़ गयी ज़िन्दगी, खंडहर हो गयी सभ्यता

समय के ठूँठ से उल्लुओं ने भी
समेट लिया अपना डेरा
बया के झूलते झूमर
अब नहीं भर रहे उजाला जीवन में
घुप अन्धकार में नभ को
धरा पर उतारने वाले जुगनू
समय की भट्ठी में कब का भुन चुके

चींटियों ने समझौता कर लिया
सर्दी-गर्मी-बरसात से
काक्रोचों ने सेंध लगा दी
लिपे-पुते लोगों की मैली आत्मा में
जंगली सूअरों के आतंक से
भाग खड़े हुए सफेद चूहे
वानर सेना ने भी
खोज लिया नया ठिकाना
जंगल की किल्लोल
सिमत गयी मकानों के गमलों में

साँसें बढ़ गयीं
और स्पेस शून्य हो गया

अब ठूँठ ज़िन्दगी की ठूँठ पर
पल रही हैं
हमारी ठूँठ साँसें।

जाग गई हैं लाल चीटियाँ

तुम्हारे बाप का राज नहीं कि
तुम जब चाहे नोच लो
किसी मुर्गी के 'पर'
जब चाहे बना दो निशाना
किसी उड़ती चिड़िया को
मींज दो मुर्गाबी के नन्हें चूज़ों को
नरम गोश्त के लिए
याद रखना...
लाल चीटियों ने
घुसना शुरू कर दिया है
सूँड में
सम्भलकर चलना
कहीं पूँछ भी न बचे।

लाशों की नाव पर हम

हत्यारों के समाज में जी रहें है हम
बस्तियाँ उजाड़कर
नयी क़िस्म की फ़सलें बो रहे हैं हम

कहीं हम बैठे हैं बारूदों के ढेर पर
निगल रहे हैं उसका धुआँ
कारतूस खा रहे हैं
लोथड़े चबा रहे हैं
उँगलियाँ घोड़े पर और हम भाग रहे हैं
हिरनों की तरह

कहीं हम तैर रहे हैं लाशों की नावों पर
उनके निर्जीव हाथों में है हमारी पतवार
उनका शरीर फूलता जा रहा है
जब तक मछलियाँ हैं नदी में
मुर्दा जिस्म पर ज़िन्दा रहेंगे
नदी के सूखने तक

हाड़-तोड़ मेहनत कर रहे हैं हम
भर रही हैं उनकी तिजोरियाँ
हम हो गये खोखले
और पाँव भारी हो रहे हैं उनके घरों के

दावत उड़ाने को

हमारे पास खीर, पूड़ी, हलवा न सही
पेट की आग बुझाने को
ये चाँद, सूरज, तारे, ग्रह हैं न?
अपनी माटी की
भीनी सुगन्ध के साथ।

कभी इमारत बुलन्द थी

वो आया था
और चला गया एक दिन
जैसे
मिट जाते हैं बादलों पे लिखे नाम
वो रहा दुनिया में यूँ
जैसे दलदल में धँसता व्यक्ति
लील जाता है सारा आकाश
वो तमाम विचार धाराओं को निचोड़कर
उसके अर्क से चुपड़कर
खाता रहा रोटी
ज़हरीले सांपों का मुँह बाँधकर
गले में लटकाए फिरता रहा

वादों के खेल में
मदारियों की डुगडुगी भी चाहिए ना?
जाने कबसे सभ्यताओं की कन्दराओं
और सीपियों से निकाले जा रहे हैं मोती
बचते जा रहे हैं तो खोल
एक ऐतिहासिक विश्लेषण
कभी हमारी भी इमारत बुलन्द थी।

औरत! इंसान?

कितना भारी पड़ता है
ख़ुद को औरत मानना
औरत को औरत कहना
कितनी उम्रों में बँटकर जी रही है मानवी
अपने पौरुष की सन्तुष्टि के लिए
तुमने औरत को पहना डाले
उपमानों के ज़ेवर
जीव-अजीव, प्रकृति
सभी के गुण
व्याप्त हैं एक औरत में
नहीं है
तो वो एक औरत
उसे शेरनी, मोरनी और नागिन तक माना
वो नहीं बन सकी तो एक इंसान

उसके अंग दमकते रहे
सूरज-चन्दा बनके
उसकी रोशनी के लिए
उसे किया जाता रहा नंगा
मगर काँपते हाड़-मांस को नहीं ढाँप सके
इंसान समझकर

समझ नहीं आता
कि वो कोख़ में पालती है जीवन

या जीवन भर खुद पलती है
पुरुष की कोख़ में
जहाँ वो
मार दी जाती है असमय
और गढ़ी जाती है
'यत्र नार्यस्तु पूज्यन्ते रमन्ते तत्र देवताः'
की परिभाषा।

मुक्त कर दो मुझे

मैं तो ठहरी बंजारन
पूरब से पश्चिम का सफ़र
तय करती आ रही हूँ युगों से
नाचते-नाचते दरारें पड़ गयीं पाँव में
रिस गये फफोले
एक जगह कब बना
अपना ठौर ठिकाना
लेकिन...
लेकिन तुम क्यों ठहरे हो यहाँ
कब तक करोगे मेरा इंतज़ार
तुम सूरज हो, मैं धरा
घूमती रहूँगी यूँ ही
सदा, सर्वदा
तुम्हारे इर्द-गिर्द
अब मेरी कमर झुक गयी
झुकी एक्सिस पर कब तक चलूँ?
अब तो मुक्त कर दो मुझे।

आँखों से छलकती चिन्ताएँ

आज समझ आया
जब जन्मी थी ये नन्ही कली
क्यों ओस से भीग गयी थीं पत्तियाँ
तेरी आँख के दोने
क्यूँ भर गये थे आँसुओं से

जिन्हें समझा था
ख़ुशी की गंगा-यमुना
कल-कल बहती शान्त नदियाँ
दो ख़ूबसूरत झरनों से
झरती बारिश
दरअसल वो था
पहाड़ों पर आया तूफान
आने वाली तबाही से मर्माहत मन
जिसने ख़ुशी के साथ
घोल दिया था अनजाना डर

वो सहमी-सी भीगी निगाहें
अनजाने डर का बाँध तोड़
विलुप्त हो गयी थी दिल में सरस्वती-सी
बेटी पर यौवन की चढ़ती धूप ने
झुलसा दिया तेरे चेहरे को
कोहिनूर-सी झिलमिला रही थी मेरी काया
और तेरे शरीर में उग आए थे
किसी अनहोनी की आशंका के कैक्टस

हरदम घड़ी की सुईयों की तरह
टिक-टिक करने लगीं
तेरी साँसें
रोज़ अपने पल्लू में गाँठ बाँधकर
मन्नतों का कवच पहनाकर
बाहर भेजती मुझे
पल्लू में एक गाँठ
और तेरे चेहरे पर लगा होता
गाँठों का अम्बार
रात को वो गाँठ खोलते हुए
ईश्वर के आगे नतमस्तक
मिलती तेरी भावनाएँ
वो भावनाएँ
जो मेरे सकुशल लौटने पर
दीप बालतीं

होंठों पर खुशी के बुलबुले
लेकिन हृदय में लगी
खतरों और आशंकाओं की आग
तुझे झुलसाती रही
बाबूजी को छोड़
सभी तुझे शक के जाले में लिपटे दिखे
अब समझ आया
भीड़ में क्यूँ
तुम्हारी बरगद-सी बाँहें
बना जाती थीं सुरक्षित घेरा

ताड़-सी बढ़ती चिन्ताओं के बीच
ना जाने कैसी-कैसी आशंका के
बाँस उग आए थे
डर के जंगल में
आशंका के कोहरे

अनहोनी का डर
चिन्ताओं की धूप
परेशानियों के बादल
और चक्रव्यूह-सी बींधती नज़रें
मुझे भी नज़र आने लगी थीं स्पष्ट

माँ को दुश्मन समझने वाली
आँखों में पड़ा मोतियाबिन्द का जाला
अब हट चुका है
आज तुम्हारी नातिन को देखा
जवानी की कुलाँचें भरते हुए
अब मेरा भी
रोज़ सफेद हो रहा है
एक बाल
आँखों से छलक रही हैं
माँ की चिन्ताएँ
और पल्लू में बँधने लगीं गाँठें।

कहाँ हुई चूक?

धूप की पायल
अब नहीं छनकती
हमारे आँगनों के पाँवों में
बबूल के जंगलों ने
डेरा जमा लिया
हमारे स्वाभाव में
चिड़ियों की चहचहाहट
खो गयी न जाने कहाँ
आख़िर हमसे चूक कहाँ हुई
हमारी जीवन शैली के चुनाव में?

धरती तड़पती है

धरती भूकम्प से ही नहीं काँपती
वो थरथराती है, तड़पती है, सहम जाती है
उसके सीने पर लड़े जाने वाले युद्धों से
चीथड़े उड़ाते आतंकवादी हमलों से
फौजियों, पुलिसिया बूटों की दहाड़ से
हिल जाता है उसका कलेजा
जब हल चलाया जाता है
नारी के जिस्म पर
धरती की कोख़ से फूटी अमृत धाराएँ
सींचती हैं हमारा ऊसर जीवन
उसकी छातियों की नसें बींधकर
निचोड़ रहे हैं बूँद-बूँद अमृत
दंगों के बाद छावनी बनी बस्तियों में
काँपती सहमी ज़िन्दगियाँ मसली जाती हैं
भारी भरकम बूटों की कीलों से
गूँगा मन गाता तो है गीत
आज़ादी के
आज़ादी की चाह पर
भारी पड़ जाती है
भूख की तड़प
और लड़कियों की चीख़ें
तड़पकर लील जाती हैं
सारा आकाश।

सजा भोगती बेटियाँ

जीवन के सोपान पर
पिता की टोपी का रंग कब मैला हो जाए
लड़के की दुष्टात्मा नहीं
बेटी की लाचारी तय करती है
सूरज की ऊष्मा दोषी नहीं
चाँद की शीतल काया
नोची जाती है जब-तब ही
ठूँठ का दोष नहीं
वो कब सुखा दे पेड़ को
हथेलियों में भी उग आये हैं ठूँठ
जो फ्रॉक को ना जाने
कब—कहाँ से फाड़ दे
फिरकी लेकर वो घूमती है
ख़ुद हवा में नाचती है
पायल के टूटने तक
फिरकी फिर भी घूमती रहती है
समय की धुरी पर
लाचारी के पल
तैर रहे हैं नाव बनकर
भूख से नहीं हैं बेकल
नारी होने की सजा
भुगत रही हैं बेटियाँ।

नाम

वो कहते हैं
नाम में क्या रखा है
सलमा हो या सीता
क़ुरान हो या गीता
क्या फ़र्क पड़ता है

लेकिन...फ़र्क तो पड़ता है
लोग पहचाने जाते हैं नाम से
उनका धर्म तय करते हैं
चेहरे पर उगे जंगल
टोपियाँ करती हैं तय
किस हँडिया का चावल है
ज़र्दा है, बिरयानी है या फ़क़त खिचड़ी

नाम ही तो तय करता है
हमें झुकना है
या बैठना है पालथी मारकर
जहाँ नाम बनता हो मज़हब की पहचान
टोपियाँ गिनकर
कर दी जाती हों आग के हवाले
तूफ़ानों से बचने के लिए
बदला जाता हो नाम का चोला
बाबू...
वहाँ नाम के साथ ही
तय हो जाती है मिट्टी

मिट्टी बनाने वाली प्रकृति ने ही बनाये
पेड़-पौधे, वृक्ष, घास भी
वो फल के हों,
फूल के या हों जहरीले
होते हैं हरे,
उनका खून, ईमान, जाति, धर्म
एक है—हरा

और हम मानव
बँट गये हरे, लाल, नीले, भगवा वस्त्रों में
नहीं बन पाए तो इंसान।

केश खोलने होंगे

युद्ध होते रहे सदा अपनों से
हमें भी लड़ना होगा
स्त्री के सम्मान का युद्ध
फिर सामने दु:शासन हों
दुर्योधन हों, धृतराष्ट्र हों
या भीष्म पितामह ही क्यों न हों
जब-जब गान्धारियाँ बाँधेंगी आँखों पर पट्टी
करेंगी अन्याय का समर्थन
जब-जब पुत्र मोह में ढकेगी
बेटों के अपराध
तब-तब पांचाली को
खोलने होंगे केश।

बूढ़ी आँखें

मैंने समुन्दर से पूछा
तू कितना गहरा है?
और बूढ़ी माँ की आँखें
लहराने लगीं उसकी लहरों पर
मैंने पूछा गगन से
तेरी ऊँचाई का विस्तार कहाँ तक है?
और नन्ही-सी आँख
तारा बन चमकने लगी
मैंने हवा से पूछा
तेरी गति क्या है?
कि परिन्दे का झुंड दूर आकाश में दिखा
मैंने फूलों से कहा
तुझ-सी मासूमियत कहाँ ढूँढ़ूँ?
और खिलखिलाने लगा एक नन्हा बच्चा
मैंने खिलखिलाहट से पूछा
तू कहाँ मिलेगी?
और खेतों में लहराने लगीं गेहूँ की बालियाँ
मैं ख़ुशी से दौड़ी बटोरने
कुछ खिलखिलाहट अपने लिए
तभी एक बूढी अम्मा दिखी
नन्हे बच्चे के साथ।

हिमालय बन मुस्कुराओगे

खुशियाँ मनाने के लिए ज़रूरी तो नहीं
सड़कों पर ढोल पीटना
कानफोड़ू संगीत बजाना
सुबह की सुहानी धूप
ऊर्जा भरती है मगर
दोपहर चढ़ी तीखी झुलसाती धूप
चूस लेती है बदन का लहू
भक्ति के लिए ज़रूरी नहीं
सड़कों पर बनाए जाएँ पंडाल
धर्म की वेदी पर
लाखों रुपयों की दी जाए आहुति
जिसमें चोर उचक्कों की हो जाए पौ-बारह
भड़कीले गीतों पर नहीं रीझेंगे शिव
अश्लील गानों से प्राण-प्रतिष्ठा नहीं होगी देवी की
सड़कों पर नाचने से गणपति नहीं विराजेंगे
क्यों घसीट रहे हो अपने आराध्य को सड़कों पर
जिस दिन...
किसी प्रसूता को पहुँचा दोगे अस्पताल
ढांप दोगे किसी का तन
सम्मान के वस्त्र से
कचरा बीनते बच्चों को
बैठाओगे पाठशाला में
बुजुर्ग माँ-बाप को दोगे अपना
थोड़ा-सा समय
पंछियों को कर दोगे आज़ाद

बन जाओगे
किसी बेसहारा की लाठी
उस दिन सभी देवी-देवता
तुम्हारे घर को बना लेंगे स्थाई निवास
शर्म से नहीं झुकेगा सिर
फ़ख्र से हिमालय बन मुस्कुराओगे।

ग्रहण

चार दिन का चाँद
लील गया चाँदनी रातें
पूनम ने जो काढ़ लिया काला घूँघट
इस बार की मावस
लगा गयी
जीवन पर ग्रहण
अब आँखें भी हो गयीं रजस्वला
जिन पर कोई वश नहीं
जिन्हें रिसना ही है
जीवन निवृत्ति तक।

नहीं हूँ 'निरर्थक' पिता

बहुत सहा, बहुत तड़पा
बहुत रोया वो बाप
लेकिन कब तक छटपटाता?
खंड-खंड हो चुकी थी शिला
बाढ़ ने तोड़ दिए सारे बन्धन
उसने हाथों में उठा लिया था
लाल झंडा
झंडे से निकाल चुका था हँसिया
उसकी पाँच वर्षीय बेटी
हो चुकी थी
बर्बरता की शिकार
राजनीतिक दलों ने
पकाया मन पसन्द भोजन
सामाजिक संस्थाओं ने भी
गर्माया मुद्दा
हाथों में उग आईं मोम से बनी जिन्दगी
भीड़ देखती रही
इंसाफ़ के लिए उठे हाथ
खुद जलाते रहे और पिघलाते रहे मोम

न्याय के मन्दिर में
कानूनी दाँव-पेचों में उलझकर
निर्दोष घोषित हो गया अपराधी
टूटे-बिखरे पिता ने भी त्यागा
अहिंसा का मार्ग

घोंप दिया चाकू
बलात्कारी के उदर में
गोदता रहा उसका जिस्म
जब तक अलग नहीं किया
लोगों ने उसे
अंगार बरस रहे थे आँखों से
वह चिल्ला रहा था
क्या बिगाड़ा था इसका
मेरी पाँच साल की बच्ची ने
जो नहीं जानती थी
ठीक से चलना
उसके बापू कहने से ही तो
मेरे मन ने सीखा था धड़कना
मांस का लोथड़ा ही तो थी वो
इसने उसे भी नहीं छोड़ा
कितनी तड़पी होगी वो

आज इसकी तड़प में
शान्त हो गया होगा
मेरी बेटी का तड़पना
मैं तेरा पिता हूँ
मेरी बच्ची
तुझे बचा तो नहीं सका
लेकिन तुझे तड़पाने वाले को
मैंने भी बहुत तड़पाया
तेरे लिए जीता था ये पिता
मर भी गया
तो नहीं होगा अफ़सोस
तू नहीं तो जीना भी किसके लिए?

लेकिन कौन है अपराधी?
न्यायपालिका? तथाकथित समाज

या हमारे मैले होते संस्कार
नहीं चाहता जीना ऐसे समाज में
जहाँ नहीं उठते दो हाथ
सहायता के लिए
जहाँ पैसों के लिए
घुँघुरू बाँध लेते हैं काले कोट
मैने ख़ुद किया न्याय
अपनी बेटी के साथ

वो जहाँ भी होगी, खुश होगी
बनना चाहेगी मेरी बेटी
हर जनम में
मैं कायर पिता नहीं
'निर्रथक' पिता भी नहीं
मैंने मान रखा
पिता-पुत्री के नाते का

उसे गिरफ्तार कर लिया गया
कुछ समय पहले
न्याय की गुहार लगाने वाला
खड़ा था न्यायाधीश के सामने
एक क़ातिल के रूप में
बेटी की याद में
बहते आँसुओं के साथ।
कौन है गुनहगार ?

बेटी

वह लंगड़ी ही सही
है तो बेटी
इकलौती नहीं
तो क्या हुआ?
दुलार पाया उसने
हमेशा इकलौते होने का
माँ की आत्मा बसती है
अपने कमज़ोर बच्चे में

माँ ने छुपाया
सदैव ही उसे अपने आँचल में
उसके भागते-दौड़ते इरादों को
जब-तब ही दिए
अपने पाँव
उसकी बेबसी को पहनाया
उत्साह का कवच
माँ को मलाल है तो
उसके विवाह का
कैसे होगा उसका ब्याह?
उसकी बेटी है श्याम वर्ण
थोड़े से बड़े हैं दाँत
तो क्या हुआ
कृष्ण भी तो काले थे
और थोड़े ही से तो बड़े हैं दाँत
माँ को नज़र नहीं आती

कोई कमी अपने बच्चों में
उसे जीवन भर रही प्रतीक्षा
किसी राजकुमार की
माँ भी
कंकड़ों की भीड़ में
चाँद-सी बेटी को छोड़कर
शामिल हो गयी है
तारों की दुनिया में

अब सबको नज़र आने लगी हैं
उसकी कमियाँ
खलने लगा है
उसका बदरंगा रूप
सब कहने लगे उसे - लंगड़ी

पिता कहता है
कौन थामेगा तेरा हाथ ?
तेरी क़िस्मत में है
झाड़ू-पोंछा-बर्तन
तू खुद खड़ी हो
दौड़ अपने लंगड़े पैरों पर
और कमा
अपने काले हाथों से
दो जून के लिए
सफेद रोटी
तुझे जूठे बर्तन धोकर
चमकानी होगी अपनी क़िस्मत
जिससे मरते दम तक
कुछ तो दमकता रहे
खदान का हीरा।

तुम्हें पता नहीं ?

ओ नारी,
तुम क्यों टकरा रही हो
हम पुरुषों से ?
तुम्हें पता नहीं ?
आख़िर तुम्हारे हिस्से आएगा
बच्चे जनना
कितनी भी उड़ानें भरो
रहोगी बिछावन ही
तुम्हारे लिए घोषित हो जाएगा एक दिन
दो-चार प्रदर्शन और धरना दे देंगे
सजा दिया जाएगा मंच
और करेंगे माल्यार्पण
और फिर मौका पाकर
रौंद देंगे पौरुष बल से
इस बार गवाही देने के लिए
जीवित नहीं छोड़ेंगे
कर देंगे आग के हवाले
और फिर...
फिर...
फिर।

सब उदास हैं

उदास है घर का वो कोना
जहाँ बिछी होती थी
दादी की खटिया
और वो धोती लपेटे
बैठे-बैठे चलाती थीं घर
मार से बचने के लिए
दादी के मीठे आँचल को
बच्चे बना लेते थे अपना शामियाना

उदास है वो मन का आँगन
जहाँ धूप दिखाई जाती थी
ठंडे अरमानों, सीली ज़िन्दगी को
और तैयार किया जाता था
ख़ुशियों का मुरब्बा

उदास है घर का वो खिलखिलाता चबूतरा
जहाँ देर रात तक सुना जाता था 'विविध भारती'
'मोदी के मतवाले राही' और 'बिनाका गीत माला'

उदास हैं वो महकती शामें
जब माँ शाम को चोटी-कंघी कर
माँग में प्यार का रंग भरके
बच्चों का मुँह-हाथ धुला
'पोन्ड्स पाउडर' और 'इमामी क्रीम' लगाकर

करती थी तैयार
और पापा के जल्दी लौटते ही
खिलखिलाहट से भर जाता था घर

उदास हैं वो गलियाँ
जहाँ दिन के वक़्त
फेरे लगाते थे 'बर्फ़ के गोले वाले चाचा'
'बुढ़िया के बाल वाले ताऊ'
'चुस्कियाँ वाले काकू'
और 'बर्तन बेचने वाली औरतें'
जो घर-घर जाकर करती थीं मोल भाव
और उनके बीच जारी रहती कशमकश
महिलाएँ—एक कटोरी फ़ालतू लेने के लिए
और वो- एक पैंट के लिए करती रहतीं रस्साकशी
और अन्त में कहती
अरे भाभी, मुन्ने का सूट ही दे दो

उदास हैं वो आम, अमरूद के पेड़
जो बच्चों के साथ खेलकर खूब फलते थे

उदास हैं वो डालियाँ
जिन पर लटकते थे हम आम की जगह
अब ख़ुद को मज़बूत नहीं बनातीं वो डालियाँ

उदास हैं वो नीम, शीशम के पेड़
जिनसे उतरकर सावन आता था नीचे
जो कजरी, मेघ-मल्हार सुन
झूम-झूमकर बहन-बेटियों को
झुलाते थे अपनी बाँहों में
औरतें निमकौरियों को
अगले बरस जल्द आने का न्यौता देतीं
ये गाकर

''कच्चे नीम की निमकौरी सावन जल्दी अइयो रे
चाचा दूर मत जइयो, चाची नहीं बुलाएगी
मामा दूर मत जइयो, मामी नहीं बुलाएगी''

उदास हैं वो छत की रातें
जहाँ तारे भरे आकाश में
तारों से खेला करते थे हम

वो पत्थर और गिट्टियाँ भी उदास हैं
जिनसे खेला जाता था पिट्ठूगरम
घर के कोने भी रोते हैं
अब उनको कोई नहीं करता आबाद
वहाँ छुपकर

अब उदास है जीवन
जीवन का हर कोना
बस, बची है तो घुड़दौड़
आपाधापी में जीवन गुज़ारने की
जो काग़ज़ के फूलों के साथ
हो रही है बासी
जीवन्त है तो हथेलियों के बीच
फँसा मोबाइल
और भरे-पूरे परिवार में पसरी
मरघट-सी ख़ामोशी।

सफ़र में हैं ख़्वाब

मंज़िल तक नहीं पहुँचे
झंझावातों से जूझ रहे हैं
सुबह-शाम के साथ
बिखरते-सँवरते रहते हैं
डूबते-उतराते हैं
सफ़र में हैं ख़्वाब

तारों से ख़्वाब हैं बेशुमार
रुपहली रातों को
जब दबे पाँव आती है नींद
ख़्वाबों को मिलते हैं पंख गौरैया के
और वो नन्ही चोंच में भर लेती है
जीवन की खुशियाँ
सफ़र में हैं ख़्वाब

कभी मरुथल में भटकते हैं
सहरा में तड़पते हैं
पथरीली चट्टानों पर अक्सर
लहूलुहान हो जाते हैं ख़्वाब
अश्क़ों का मरहम लगाए फिर चलते हैं
पपड़ियाए होंठों के साथ
सफ़र में हैं ख़्वाब

जब तक वृक्ष लेंगे साँसें
नहीं मरेंगी ख़्वाबों की कलियाँ

टूटती, मसलती, बिखरती रहेंगी डालियाँ
फूटते रहेंगे आशाओं के अंकुर
उम्मीद की चिंगारी दबी हुई है कहीं
सफ़र में हैं ख़्वाब

ऐ ज़िन्दगी विश्वास रख
तू मुस्कुराएगी ज़रूर
ख्वाबों के बर्फ़ीले मेघ भी पिघलेंगे
नयी गंगा भी निकलेगी ज़रूर
खोई सरस्वती कहीं से फूटेगी ज़रूर

ख़्वाबों की मंज़िल दूर नहीं
अभी ख़त्म नहीं हुआ सफ़र।

तुम जो लौट गये

आजकल
हर तरफ छाई है ख़ामोशी
गगन ख़ामोश है
झील भी है ख़ामोशी की आग़ोश में
उजाला ख़ामोश है और
निखरी चाँदनी भी
प्रवासी परिन्दे लौट गये अपने घर
मैंने भी ओढ़ ली ख़ामोशी
तुम जो लौट गये।

बचपन का आशियाना

कितना सुखद था वो बचपन
जब गौरैया रहती थी
हमारे साथ, हमारे घर में
और रोशनदान में बनाती थी घर

उसकी चोंच में तिनके देख
पता चल जाता था
घर में सजने वाला है
सपनों का महल
और फिर नन्हे बच्चों की
चीं-चीं की आवाज़ पर लगे रहते कान

माँ ने बताया था
अगर तुमने बच्चों को छूआ
तो गौरैया उन्हें नहीं खिलाएगी दाना
हम मन मारकर
कभी पलंग पर, दरवाज़े पर
तो कभी सोफ़े के हत्थे पर चढ़कर
दूर से देखा करते
घोंसले से ऊपर
खुलती नन्ही चोंचों में
चिड़िया को खाना खिलाते
और करते इंतज़ार उनके 'पर' आने का
उनके पंखों में हवा भरने का

वो कितने जतन से रोज़ प्रैक्टिस करते
पंजों से घोंसला पकड़
पंखों को फड़फड़ाते
और झाँकते नीचे
हमारी माँ की तरह
उनकी माँ ने भी सिखाया होगा
उड़ान से पहले
नज़रों से मापना गहराई
चिड़िया माँ भी
रोज़ आँकती उनकी ताकत

और फिर एक दिन
उनके हौसलों पर विश्वास होते ही
चिड़िया उन्हें बाहर धकेल देती
घोंसले से
और हमारी गोद में गिरते-गिरते सँभल जाते
निकल जाते कमरे के बाहर

उन्हें मिल जाता उनका आकाश
उसके पंखों में भरी होती
गगन की ऊँचाई
आँखों में सूरज का तेज
और इरादों में तूफ़ानी बल

काश !... मैं भी अपने बच्चे को
एक ठोकर में दे पाती
उसका जहाँ।

सिमटती रफ़्तार

जब बाबा हुए थे शान्त
तो जीवन की रफ़्तार थमी
तेरह दिनों के लिए
और पतझड़ छाया रहा पूरे वर्ष

जब दादी गयीं ऊपर
तो तेरह दिनों की रफ़्तार में ही
गुज़ार दिया गया एक वर्ष
और उमंगों को दे दिए पंख
आने वाली खुशियों के लिए

अब जब माँ गयी
तो रफ़्तार जेट से भी आगे निकल गयी
तेरह दिन क्या
वर्ष की परिक्रमा पूरी हो गयी
तीन दिनों में

मठाधीशों ने समय की मुश्किल को
पल में कर दिया आसान
आने वाले समय में
तेज़ी से बढ़ेगी रफ्तार
तेज़ी से कम होने के लिए
और चिता की आग पर पकेगा
ब्रह्मभोज।

चाँद बाज़ार में

चाँद बाज़ार में खड़ा है
तारों की बोली लग रही है
सूरज उदास है
पृथ्वी रो रही है
आकाश स्तब्ध है
हवाएँ अब गाती भी नहीं हैं

पत्तों की खड़खड़ाहट
सिक्कों की खनखनाहट में बदल चुकी है
ख़ुशबुएँ अब
सबके लिए नहीं हैं
वैसे तो सब लोग बराबर हैं
लेकिन कुछ हैं जो ज़्यादा बराबर हैं

शेर है, हाथी है, घोड़े हैं, गधे हैं
राजपथ पर
लेकिन
हिरनों, भेड़ों, खरगोशों, गिलहरियों के लिए
कोई पथ ही नहीं

बदले समाज की
ग्लोबल बाज़ार की
जय हो।

चलो, चाँद पर चलें

चलो, चाँद पर चलें
अब यहाँ कुछ शेष नहीं
उड़ चुके हैं धरा के रंग
बिख़र गये हैं दूर क्षितिज तक
हम धँस गये हैं
महँगाई के बढ़ते ग्राफ़ के नीचे
मूल्य हो गये अवसरवादी
हर तरफ होड़
हर चीज़ का तोड़
स्वार्थों का जोड़
ये कैसा मोड़?
कब्रों से पैसा उगाते
रिश्तों को दफ़नाते
भावना गुम है
कोई ढूँढ़ता भी नहीं
आत्मा गुम है
किसी को ज़रूरत ही नहीं
उतरे गहराई में
उथलेपन में तैर रही है ज़िन्दगी

सुख हैं चमचम, दुख भी चमचम
भावनाहीन, दिशाहीन
समाज में जी रहे हैं हम
अब यहाँ नहीं बचा जीवन।

कंकरीट के जंगल—1

कंकरीट के जंगल
पनप रहे हैं
खोते–मरते जीवन के बीच

तुम्हारे हरे–भरे जंगलों में ही
नहीं बसता जीवन
नहीं तड़पता जीवन
इन कंकरीट के जंगलों में भी
बस रहा है, तड़प रहा है
सिमट रहा है जीवन

यहाँ गगनचुम्बी ईंटों के पक्के पेड़ हैं
जिनमें बसती है आदमजात
चप्पे–चप्पे पर मिलेंगे कुत्ते, गिद्ध, सूअर
और जान बचाने की जुगत में
बकरियाँ, मुर्गियाँ, गिलहरियाँ
भाग रही हैं अनवरत
थके पंजों–हाँफ़ती साँसों के बीच
नुच जातें हैं पंख
और चल जाती है हँसिया गर्दन पर

शेर भी रहते हैं यहाँ
जंगल की तरह
लुप्त होने की कगार पर है इनकी प्रजाति

हाँ, गीदड़ों की भरमार है
रँगे-पुते सियारों का मजमा लगा है
बढ़ रही है
एक टाँग पर तपस्यालीन
बगुला भक्तों की जमात
चोंच करती है शिकार

क्या तुम्हारे जंगल में होता है
मादाओं का यौन शोषण?
या कराया जाता है गर्भपात?
क्या किसी नर जानवर ने
सौदा किया अपनी संगिनी का?
तुम सम्बन्ध बनाने के लिए आज भी
फैलाते हो अपनी गन्ध
तड़प के साथ पुकारते हो संगिनी को
तुम वन्य जीव- फिर भी संस्कारित?
और तय नहीं
सभ्य प्राणियों के गिरने की सीमा!

इंसान होते हुए भी
हमें मिला तमगा जानवर का
तभी तो उगाये गये है यहाँ
कंकरीट के जंगल।

कंकरीट के जंगल—2

ये कंकरीट का जंगल है
इसमें रहने वालों के दिल भी
हो गये हैं सीमेंट के

एहसास अब नहीं पिघलते
नर्म साँसों से
जड़ हो गये हैं मोरंग की जकड़न में
अहं ढल गया है सरिये में
शान-ओ-शौकत के खड़े हो गये हैं कॉलम
मतलब की बालू दरका रही है घरों की दीवार
रिश्ते की चूलें पड़ने लगी हैं ढीली
प्यार-सम्मान के कील-कब्जे हो गये हैं कम
चौखटें टँगी हैं स्वार्थ पर
इसके लिए ज़िम्मेदार है हमारी आदम जाति
हमने किसी का नहीं किया भला

हमारी आदमजात से बेहतर है
तुम जानवरों की जमात
हमारे समाज में संस्कारों के नाम पर
फल-फूल रही है अराजकता
ख़त्म हो गयी है मानवता
और जंगल राज में
आज भी कायम है
जानवर रूपी इंसानियत।

चोंच में दबे शब्द

चिड़िया की चोंच में
दबे हैं कुछ शब्द
जो बना रहे हैं घोंसला
अब जन्मेगा जीवन
शब्दों ने चुपके से झाँका
भावनाओं के गुलाबी झरोखे से
और निर्मित कर दिया ख्वाबों का महल
फिर रोपित हुए शब्द
फल गई वाक्यों की बगिया
जहाँ खिले भावों के फूल
चिड़िया ने प्यार से सींचा
और अपनी मधुर चहचहाहट से की
अभिव्यक्ति की गुड़ाई
पल्लवित हुए निर्मल, कोमल फूल

जो शब्द नहीं समा सके चोंच में
वंचित रह गए प्रेम से
वहाँ फले कड़ुवाहट के फल
बढ़ी नफरत की बेल
पनपे उपेक्षा के पल्लव
बदले की भावना से भर गए वो शब्द

यही शब्द हमारा अतीत हैं
हवाओं में तैरते हैं वर्तमान बनकर
और बीज हैं भविष्य का

सदाबहार की चाह

नहीं चाहती तुम्हारे प्यार के लिए
मुझे करना पड़े इंतज़ार
घन्टों, महीनों या सालों का
नहीं चिनना चाहती घर की ईंटों में
समाना चाहती हूँ तुम्हारी देह की गन्ध में

मैं गुलाब भी नहीं बनूँगी
नहीं चाहती तुम्हें चुभे कोई काँटा
मैं कमल भी नहीं बनूँगी
नहीं देख सकती
मुझ तक पहुँचने के लिए
तुम पर पड़े कीच की छींटें
मैं फैलूँगी बनकर हरी दूब
और रहूँगी हर मौसम में तुम्हारे इर्द-गिर्द

मैं नहीं चाहती
तुम लगाओ 'नीलकुरंजी' मेरे बालों में
मैं चाहती हूँ
मुस्कुराती रहूँ 'सदाबहार' बनकर
ताकी तुम रोज़ खिलाते रहो अपना प्यार
मेरे बालों में

माँ का मोल

ममता की छाँव
अन्तिम साँस तक
करती हैं प्रतीक्षा बच्चों की

सन्तान की आँखों में
नहीं होता ठहराव
होते हैं तो केवल स्वार्थ के रेशे
सूअर के बाल
कई बार
हम क़ैद हुए कैमरे की कोठरी में
लेकिन तुम नहीं समा सकीं उसमें
तुम सदैव ही बनी रहीं
हमारी ज़रूरतों का हिस्सा

हम नहीं जान सके
ज़रूरतें पूरी करने की भावना ने
तुम्हें बना दिया मशीन
हमारे लिए तुम होती रहीं कुर्बान
कभी नहीं माँगा कोई प्रतिदान

तुम बनी रहीं रोटी
और हम फँसे रहे
टॉफी-चॉकलेट के दल-दल में
नहीं जान सके रोटी का महत्त्व
हर ज़रूरत से पहले
तुम बिछ गयी हमारी राहों में
सम्भवत: प्रश्न से पहले ही मिले उत्तर की

नहीं होती अहमियत

लेकिन हम
तुम्हारे श्वेत जीवन में
नहीं भर सके अरमानों के रंग
तुम लेती रहीं हमारी बलैयाँ
बूढ़े कदमों से काटती रहीं
हमारे पलंग के चक्कर
हम करते रहे
तुम्हारी अनदेखी

आज जाना तुम्हारा मोल
जब खिला
एक नन्हा कंवल
हमारी प्रेम की झील में
माँ बनकर
चुका दूँगी सारा ऋण

क्योंकि मैं जान गयी हूँ
मैं भी नहीं रहूँगी
अपने बच्चों के रंगीन एलबम में
तुम्हारी साँसों में ढलकर
तुम्हारे रूप का प्रतिरूप बनकर
तुम्हारी तरह एक दिन
मैं भी बन जाऊँगी तारा
तब छुपा लेना
इस नन्ही-सी गुड़िया को
अपने आँचल में
ताकि सो सकूँ
चैन की नींद।

सीप है माँ

तुम लोरी सुनाती थीं
और मैं तुम्हारे शब्दों से अनजान
बस महसूसती थी
एक नर्म मख़मली गरमाहट
ममता की, असीमित स्नेह की
मुझे तुम एक सीप-सी दिखाई देती थीं
जिसमें बन्द थी मैं

शब्द तुम्हारे होते थे और
सागर मचलता था मेरे अन्दर
सीप टकराती थी लहरों से, थपेड़ों से
तुम कितने जतन से
मुझे रखती थीं सुरक्षित
सीप होती है हर नारी
जिसमें पलती हैं न जाने कितनी भावनाएँ

सीप ही तो होती है एक शेरनी
एक नन्ही गौरैया भी
और प्रत्येक माँ
जो पालती है मोती
अपने अन्दर।

वक़्त का पहिया

मजलूमों की आह पर
घूम रहा है वक़्त का पहिया
बर्तन उदास हैं
चूल्हे पर पक रही है
वक़्त की हँडिया
और चप्पलें पूरी कर रही हैं
रिसाइकिल की प्रक्रिया

भाषण सेंककर खाते लोग
इंतज़ार कर रहे हैं
अरमानों की सुनहरी बारिश का
जिससे कुछ ही समय के लिए सही
लोग फाँक सकें
खुशियों की पंजीरी
और बच्चे भूल सकें रोटी।

यादों का कठफोड़वा

तेरी यादों का कठफोड़वा
आज भी
मेरी देह की सूखी टहनियों पर
बैठकर चहचहाता है
ठक-ठक करता है
शायद फिर बन जाए
कोई कोठर।

शोहरत

ग़रीबी वो पायदान है
जिस पर चढ़कर
आबाद होती है संसद की गोलाई
सभाओं में दिखते हैं सिर
बहता है रक्त,भरते हैं प्याले
नहीं मिलते निवाले
बिकती हैं फ़िल्में
करोड़ों का कारोबार
ग़रीबों की पीठ पे सवार

वो दौड़ाते हैं घोड़े
पीठ ग़रीब की
चाबुक भी गरीब की चमड़ी का
जितने चाबुक, उतनी तेज़ रफ्तार
गरीबों को नहीं मिलती शोहरत
झंडा गरीब के हाथों में
और नुचे परों के साथ
सोने की चिड़िया
घुड़सवार के हाथों में।

फिर... फिर जन्मेंगे

मेरे हाथों में कलम है
जिससे कोशिश ही कर सकती हूँ
तुम्हारे अन्दर सोये महावीर को जगाने की

बाकी तुम खुद हो समझदार
जानते हो, कैसे-क्या करना है
किसकी लंका को करना है नष्ट
किसके छूने हैं चरण
किसको बैठाना है हिमालय पर
किसको पहनानी है टोपी
और किसे छोड़ना है भंवर बीच

हाँ, हुनर वाले हाथों को मत काटना
तुम ख़त्म नहीं कर पाओगे उनका हुनर
क्योंकि फिर...फिर जन्मेंगे
द्रोणाचार्य की मूर्ति पूजने वाले
अक्सर परछाईं निकल जाती है आगे।

उलगुलान

ख़्वाबों के परिन्दे
नहीं भर पाए पूरी उड़ान
नहीं झेल सके
मौसम और वक़्त की मार
इंसानों का संहार
नुच चुके हैं पंखों के रेशे-रेशे
अब शेष नहीं ताकत
भरने की उड़ान
फिर भी तैयार है
करने को उलगुलान
क्योंकि...
हौसले टूटे ज़रूर हैं
नहीं हुए हैं पस्त
दिल में मशाल जलाए रखो
उम्मीदों का सूरज
कभी नहीं होगा अस्त।

सब कुछ कमरशियलाइज

हवा बदल गयी
फिज़ा बदल गयी
और बदल गया हमारे जीने का ढंग
बहुत कुछ बदल गया
छुटपन में तो हम मुँह बाँधे चले आते थे
जब जाते थे अकेले बाज़ार
गोला-चुस्की, कुल्फ़ी, बुढ़िया के बाल
गोलगप्पे को देख आयी लार गटककर
फेर लेते थे नज़रें, शर्म आती थी
'चार लोग' देखेंगे तो क्या कहेंगे
ट्रेन में जाने कितनी बार नहीं खा पायी
माँ की दी हुई पूरी-अचार और आज ...
कितनी दफा 'चॉकलेट बार' खाते हुए
पार करती हूँ सड़क
'गोलगप्पे' खाने के लिए
हो जाती हूँ खड़ी, कहीं भी
अच्छा है...
आज पीछा छोड़ चुकी है
'चार' की जमात
वो 'चार' जो कभी दिखाई नहीं दिए
पर हम हर जगह, हर वक़्त घिरे रहे इनसे
आज सब कुछ हो गया कमरशियलाइज
जमाना, आदतें और शायद मन भी।

बदन

आज कविता
नहीं उतर पायी पन्ने पे
अपने उघड़े बदन से
वो कैसे रखती पाँव बाहर ?
होंठों पर हँसी की जगह
पसरा था मौन
मन स्तब्ध
आँखों की कोर में
ठिठके थे आँसू
जिस्म पर दिखाई दे रही थीं
आड़ी-तिरछी लकीरें
और कविता का पन्ना
गल रहा था
अश्कों से।

वामन

एक दिन बाज़ार गयी तो देखा
एक जगह लगा था जमघट
मैने भी एड़ी उचकाकर देखा
शुतुरमुर्ग की तरह गर्दन भी निकाली
मगर आँखें नहीं कर पायी फ़ोकस
बाधा रेस पार कर पहुँची तो देखा
वहाँ था एक वामन
जो तरह-तरह से हरकतें कर
प्रयास कर रहा था लोगों को गुदगुदाने का
कुछ हँस रहे थे, कुछ उड़ा रहे थे मज़ाक
कुछ ने सिक्के उछाले उसकी तरफ
कुछ चल दिए बिना कुछ दिए

मैंने उससे पूछा
भाई, क्या नये आये हो ?
पहले नहीं देखा ऐसा तमाशा
उसने बताया
वह दूसरे शहर का है
आया था बेटी के इलाज को
डॉक्टर ने थमा दी खर्चों की लिस्ट
किसी ने चोरी कर लिए अरमान
अब हूँ 'खाली हाथ'
मगर जा नहीं सकता 'खाली हाथ' यूँ ही
बेटी की साँसें, आँखें, आस
कैसे उखड़ने दूँ

इसलिए मसख़री कर कर कमा रहा हूँ रुपये

मैंने पूछा
मज़ाक बनते आपको ख़राब नहीं लगता?
उसका जवाब था
अल्लाह ने बनाया है मुझे खुशकिस्मत
हँसाता हूँ लोगों को, रुलाता तो नहीं
न चोरी करता और न मजबूर करता करने को
लूटता भी नहीं
दूसरों के ख़जाने पर नहीं है मेरी नज़र
सुनहरे भविष्य के जुमले नहीं गढ़ता
सपने भी नहीं बेचता

भगवान ने भी तो लिया था अवतार
वामन रूप में
छोटे-छोटे पैरों के
विराट स्वरूप से
नाप लिया था वसुधा को

मैं भी अपने नन्हे पैरों से करूँगा पार वैतरणी
पार लगाऊँगा परिवार की नैया
नहीं उतरने दूँगा 'पाल', 'नौका' की
परेशान, मुर्झाए चेहरों पर
लाऊँगा मुस्कान
ताकि मैं भी मुस्करा सकूँ
और बह सके
चाँदनी की अविरल धारा
हमारे आँगन में भी।

मोहब्बत

जब शब्दों ने पुकारा तुम्हें
तो मोहब्बत का नाम दिया
और सारे लफ़्ज़ सिमट आए
'मेरी अपनी' में

जब दिल ने पढ़ा कलमा
तेरे नाम का
तो ख़्यालों की धूप-सी खिली
मचली, बिखरी मन की तुलसी पर
और तुम्हारी धूप के साए में
पलने लगी मेरे जीवन की छाँव

जब अरमानों ने सोचा तुम्हें
तुम्हारी साँसों की धड़कनों ने
थाम ली, वक़्त की नब्ज़
तुम्हारी आँखों के आकाश में
मचलने लगीं मेरी ख़ुशियाँ
रंग-बिरंगी पतंगें बनके

वो जो हरी-सी पतंग है न
उसकी समन्दर-सी गहराई में
ताउम्र डूबी रहूँगी मैं
वो जो नीली पंतग है
उसके साए में गुज़रेगी मेरी ज़िन्दगी

वो जो वहाँ... उजली वाली देख रहे हो ना?
उससे अमृत छलकेगा
जिससे हमारा प्यार होगा अमर
और...वो जो दूर उड़ रही है
तुम्हारे होंठों की रंगत लिए
उससे छाया रहेगा गुलाबीपन
हमारे तन-मन पर

और वो... लाल वाली है न? उस छोर पर
उससे भरा रहेगा हमारा जीवन
ख़ुशियों से
सबकी डोर तुम्हारे हाथों में
और चरखी मेरी हथेलियों में।

जीवन हमारा

मैं तुमसे
गुज़रती हूँ रोज़ थोड़ा-थोड़ा
ज्यूँ गुज़रती है धरा
सूरज की धड़कनों से
नदिया बन मचलती हूँ
तुम्हारे भीतर
तिरती जा रही हूँ तितलियों के पंख-सी
झरना बन गिर रही हूँ
तुम्हारे सीने पर
सपनों की नाव
बाँहों की पतवार
विश्वास का किनारा
कितना प्यारा जीवन हमारा।

'हम' होने की कहानी

आज फिर ख़्यालों में काढ़ रही हूँ
मैं और तुम से 'हम' होने की कहानी

अक्षर-अक्षर जोड़कर
चुने शब्दों के फूल

'कश्मीरी कढ़ाई' से सजाए
चिनार और देवदार से ऊँचे ख़्वाब
'ज़रदोज़ी' ने स्वर्णिम आभा से
झिलमिला दिए हिमखंड
जब-जब शीत ने दी सर्द तन्हाई
'कांथा' ने भरा पुराने रिश्तों को
अपनी ममतामयी गर्माहट से

जब वक़्त के थपेड़ों से तार-तार हुए रिश्ते
हमने ढका उसे पुलकती 'फुलकारी' से
आँसुओं को टाँकती रही 'शीशे' की जगह
और दर्दों को सुरक्षित कर लिया 'काज स्टिच' में
ताकि रह सके सनद और जीवित रहें संवेदनाएँ

मन्नतों से करती रही 'उलटी बखिया'
कभी जो घिरे परेशानियों के जंगल में
'एपलिक' बन थामे रहे एक-दूसरे का हाथ
जब धूप से-तीखे सम्बन्धों की तपन से

गुम हो गयी हमारे प्रेम की छाँव
'शेडो वर्क' से हम
समा गये एक-दूजे में

जब दुनिया ने हमें करना चाहा अलग
'जाली टाँके' से सँभाला खुद को हमने
जब-जब प्यासी हुई रूह
'लेज़ी-डेज़ी', 'चेन' और 'डंडी स्टिच' ने बहाई
त्रिवेणी की रसधार
चाँदनी रातों में 'मुकेश' बनकर
तुम सजे मेरी माँग में
और 'कशीदा' ने जगमगा दी मेरी रातें

सियाह धड़कनों को 'ज़री' से जगमगाया तुमने
और उर्वियाँ बन मचलती रही मैं
तुम्हारे सीने पर
जब-जब तुम 'जामावार' से तने
मैं 'कसूटी' बन श्रद्धा के बन्धन में
समेट लाई तुम्हें अपने पास

जीवन यूँ गुज़र गया
मानो काढ़ते रहे 'चिकन वर्क' की
खट्टी-मीठी कैरियाँ

अब हमने
ख़ुद को कर लिया सुरक्षित
काढ़ लिए अपने चारों ओर
जीवन रेखा के 'बन्द टाँके'
जिसमें हम-तुम बँधे रहेंगे
युगों-युगों तक प्रेम बन्धन में।

बेबसी की पीर

रात की ख़ामोशी ने फिर से पुकारा मुझे
झींगुरों के आह्लाद ने सँभाला मुझे
रात रानी रोज़ खिलती है
आँगन, द्वार, चौबारे को महकाती है
उसकी क़िस्मत है
महकना और महकाना रातों को
और खुद सर्द पड़ जाना पूनम-सी खिलकर

ये झींगुर, टिटहरी की धड़कनों में घुलती-सी
रात की ख़ामोशियाँ
टिमटिमाते प्रकाश को देख
मचलने वाली मदहोशियाँ
पवन का यूँ बेतरतीब मचलना
और पत्तों का यूँ लिपटना
बार-बार क्यूँ बेचैन करता है मुझे

मेरी रातों का सुकून खो जाता है
दिन की दहलीज़ पे
मेरी रातों की ख़ुशी
अक्सर झड़ जाती है
पतझड़ की तरह
मेरी रातों का शृंगार
बावरे मयूर की तरह
तड़प उठता है सूनी माँग देख

मेरी रातों की शोख़ियाँ
बया के घरौंदे-सी झूल रही हैं हवा में
मेरी रातों की चाँदनी
ग़ुबार बन उड़ी जा रही है
मरुथल के क्षितिज पे

मेरे मन का सूरज
अस्त नहीं हुआ
पश्चिम की भावनाओं में
वो बल रहा है आग
सुलगती साँसों के साथ
भीनी-सी ख़ामोशी
चूड़ी भरे मेहँदी वाले हाथ
आग बदन में
सामने गंगोत्री का द्वार
भीगे से फ़र्श पे
लहरों का उच्छ्वास।

खूँटी पे टँगा चाँद

इठलाती साँझ क्यूँ नहीं उतरती
मेरे आँगन
मुंडेर पर बैठकर अक्सर
टिटहरी-सी उड़ती रहती है रात भर
भोर में बेसुध हो जाती है
सितारों के साथ
कितना तड़पाता है ये
खूँटी पे टँगा चाँद।

सुलगन

बादलों का एक भी टुकड़ा
नहीं बचा आँखों में
सावन-भादों में बनाए बाँधों के द्वार
खोल दिए हैं मैंने
अंतस में बसी भागीरथी भी
विलुप्त हो गयी
पंछियों ने भी ढूँढ़ लिया नया बसेरा
शाख़ों से कट-छँट गये रिश्तों के पत्ते
रेत पर सूखे पत्तों से
नहीं लिख पाऊँगी तुम्हारा नाम
तुम्हारी नमी खो चुकी है
समय की भट्ठी में
तुम अब
सुलग रहे हो मेरे दिल में
मेरी ही साँसें बनकर।

इंतज़ार

ये इंतज़ार किसका है
रात को दिन का
कि दिन को रात का
फूलों को शबनम का
या शबनम को फूलों का
ये भँवरे उड़ रहे हैं
कलियों की खोज में
या कलियों को इंतज़ार है
भँवरों का

सिंदूरी शाम को इंतज़ार है
किसी माँग का
या माँग कर रही है इंतज़ार
किसी सिंदूरी शाम का
कान सुनने को बेचैन हैं
वो मीठी बातें
या बातों को तलाश है
उन कानों की
जहाँ वह घोलेंगी मिश्री
मेरी आँखों को
तलाश है तुम्हारी
या तुम्हारी बाँहों को
इंतज़ार मेरा।

जीवन अभी बाक़ी है

अभी ख़त्म नहीं हुआ है
इंतज़ार
अभी आँच बाकी है – चूल्हे में
फाँस बाकी है – दिल में
चुभन की टीस है – पाँव में
माँ की सीख बाक़ी है – ठाँव में
नदियाँ माँग रही है दूध – बादलों से
नन्हे हाथों को तलाश है
दामन की
दिनों को तलाश है
महीनों की
महीनों को
वर्षों की
और वर्षों को
सदियों की
सदियों को इंतज़ार है
अपने युग का
इंतज़ार अभी ख़त्म नहीं हुआ है
जीवन अभी बाक़ी है दोस्त।

मृगतृष्णा की क़ीमत

करमी जाती है नंगे पाँव
खेत में
रोपती है धान
मुर्गी, बत्तख, बकरियों के बीच रहती है
नापती है धरती - आसमान रोज़ ही
और हंडिया पीकर झूमके नाचती है
जी रही है सिर उठाकर
सुन्दर सपनों की मृगतृष्णा
ले आई नयी दुनिया में
अब पहनती है ऊँची हील की सैंडल
चमचमाते ब्रांडेड कपड़े
आगे - पीछे गाड़ियाँ
हाथों में व्हिस्की
झूमती है पॉप म्यूज़िक पर
आँखों का भोलापन
सन गया कीचड़ में
उसने मार दिया
अपनी आत्मा को
'करमी' अब 'कशिश' हो गई

एहसास का शून्य

मैंने कहा था तुमसे
मुझे नहीं निकाल पाओगे दिल से
बरगद की तरह मेरे प्यार की जड़ें
प्रवेश कर चुकी हैं
तुम्हारे तन-मन में

मेरी रूह की कोंपलें
फूट रही हैं
तुम्हारे ही शरीर के अन्दर से
मेरे हृदय के भँवर में
कबके डूब चुके हो तुम
तुम कभी उखाड़ नहीं पाओगे
तने से निकली हुई जड़ें
ना ही तोड़ सकोगे घेरा
मेरी चाहत की भँवर का

सुलग़ता सावन हूँ मैं
बिखरी साँसें नहीं
मेरे अश्कों की चाँदनी ओस बनकर
भिगोएगी हर रात तुम्हें
मेरी सिसकियाँ ओंकार हैं
ब्रह्मांड का
और शून्य मेरे एहसास का।

तुम और यादें

जम गई हैं
दिल के हिमालय में धड़कनें मेरी
बन गया है यादों का ग्लेशियर
जो रिस रहा है बूँद-बूँद
जबसे तुमने छोड़ा है साथ
वक़्त ने कर दी है दफ़्न
दो दिलों को दास्ताँ
बयाँ अफसानों के जमीर में
मिटी हूँ लफ़्ज़ दर लफ़्ज़
बिखर गए हैं एहसास मेरे
लेकिन नहीं ढलने दिया
चाहत के सूरज को
लफ़्ज़ों की चाशनी में लपेटकर
कितनी बार तुमने चखा है मुझे
पिया है चाँदनी की तरह
फिसली हूँ तुम्हारी मुट्ठी से
रेत की तरह
फिर भी
आत्मा के संगीत में
बसे हो सप्तक बनके
दिल में तुम्हारा अक्स है
जिस पर नहीं जमने दी धूल
फिर क्यों धुँधला गई तुम्हारी तस्वीर ?

तुमने कहा था न!
जबसे टूटा है आईना
हर टुकड़े में बस गई हो तुम
लाख प्रयासों के बावजूद
तुम नहीं सके निकाल सके मुझे
दिल से
तो कैसे निकलोगे
दिल के हजारों टुकड़ों से?
तुम्हारे चेहरे पर लाख परतें हों
फरेब-जाल की
दिल का आइना पवित्र था
आत्मा की तरह।

लहूलुहान पत्थर

दर्द के हर मोड़ पर
बाँहें फैलाए
मुझे चैराहे मिले
एक राह की चाह में
चार दिशाओं के
नज़राने मिले
लहूलुहान पत्थर मिले
पत्थरों से
रिस रहा था खून
और दिल लिख रहे थे
अपनी शौक़ की कहानी।

प्यार की जड़ें

पानियों की धड़कनें कितनी तेज़ हो गयी हैं
चाँद ने आकर जो जगा दीं
उसकी सोई भावनाएँ
ज़रा देखो तो...
कैसे उभरी हैं बेकल मन की नसें
वेग की कश्तियों पर सवार ये लहरें
किनारों से मिलने को अधीर
चट्टानों से टकराकर हो रही हैं चूर
घोलकर अपना नमकीनापन श्वेतामृत में
जोगन बन कितनी खुश हैं
प्यार की जड़ें पानी में हों या धरती में
होती हैं गहरी
मन की धरा से ही तो
उपजा है संसार
और अश्कों से लहरा रहे हैं सागर।

बचपन का खेल

बचपन के बाद कल रात
फिर खेला, बचपन वाला खेल
मैं ट्रेन में थी
बाहर देखा, तो दूध के कटोरे सरीखा
खिलखिला रहा था चाँद
मेरे पीछे ही तो था वो
बरसों बाद इतनी देर तक स्नेह से निहारा उन्हें
अब कहाँ फुर्सत से देख पाती हूँ
जैसे देखती थी छुटपन में
चादर से झाँककर खेलती थी उनके संग
कि वो अभी भी देख रहे हैं मुझे?
और हर बार वो बड़े प्यार से
मेरी तरफ देखते मिलते
माँ कहती थी
तुम्हारी सारी बदमाशी देख रहे हैं चंदा मामा
चुपचाप सो जाओ, जब तक नहीं सोओगी
वो देखते रहेंगे यूँ ही
जब सो जाओगी तो वो चले जाएँगे
जब सोकर उठती तो वाकई ग़ुम पाती उन्हें
अब तो आते - जाते यूँ ही हो जाती है मुलाक़ात
और छत भी नहीं कि बातें करूँ मामा से
मैंने उनसे पूछा
क्या आज फिर मेरे संग खेलोगे
बचपन वाला खेल?

रेस लगाओगे या बूढ़े हो गए?
वो मुस्कुराकर बोले
अरे वाह, मेरी गुड़िया रानी
आज फिर मामा संग खेलेगी
मैं तो कबसे चाह रहा था मेरी बिटिया रानी
जीवन के झंझावातों को भूलकर
कुछ पल बिताए मामा के साथ
बेचारगी के भावों के साथ मैंने देखा उन्हें
मामा ने कहा—
ऊंहुं... ये भाव नहीं, चलो फिर से दौड़ते हैं साथ
देखकर बताना, मामा बुड्ढा तो नहीं हुआ?
मेरी आँखों में चमक आ गई
खेल शुरू हुआ, गाड़ी पटरी पर दौड़ी
और मेरे प्यारे मामा
आकाश में दौड़ते रहे मेरे साथ
जब - जब मुझे लगता
मामा आगे निकल जाएँगे
मुझे हारता देख, गाड़ी रुकते ही
वो भी रुक जाते पीछे
गाड़ी चलते ही दौड़ पड़ते मेरे पीछे
तीन घंटे हम दौड़ते रहे
मुझे आने लगी नींद
जब आँख खुली तो
चंदा मामा भी सो चुके थे थककर
आज फिर याद आई
पापा - मम्मी की
जिन्होंने कभी नहीं हारने दिया
अपनी गुड़िया को
मामा आज भी खुद हारकर
'जीत का हार' दे गए मुझे
और मजबूत कर गए विश्वास
जीवन में आगे रहने का

विशेष को शून्य की प्रतीक्षा

गणित का प्रोफ़ेसर हूँ
लेकिन नहीं सुलझा सका
बेटी के प्रश्न
उसने पूछा
बेटे के लिए प्यार क्यूँ बढ़ता है
मल्टीप्लीकेशन में
हम बेटियाँ क्यूँ सीमित रह जाती हैं
एडीशन तक
अक्सर हमें कर दिया जाता है
सबट्रैक्ट

जब भी हम उठाती हैं आवाज़
आज़ादी की
उड़ना चाहती हैं क्षितिज तक
हमें याद दिलाया जाता है
दो का पहाड़ा
और
रोक दिया जाता है
दो दहाई बीस कहने से

उसकी माँ भी अक्सर कहती है
तुम्हारी कैलकुलेशन बहुत अच्छी है
तुम जानती हो न...

जो शेष रहता है
वही विशेष होता है
तुम विशेष हो
वो विशेष
आज भी प्रतीक्षा में है
कि कोई 'शून्य' मिले और
वो हो जाए 'बीस'

सदमा

बरसों बाद एक माँ गुज़री
प्रसव पीड़ा से
जन्म दिया एक ख़ूबसूरत बच्चे को
कितने जतन से
नेह की छाँव में पाला उसको
रातों को लोरियाँ गाती रही
ममताभरी मुस्कान लुटाती रही
वो नोचता रहा
फिर भी माँ गले लगाती रही
थोड़ा बड़ा हुआ तो पता चला
वो न देख सकता है, न सुन सकता है
बस, बिना समझे चीख़ सकता है
माँ की आशाएँ मर गईं
बरसों बाद जो तमन्नाएँ खिलखिलाई थीं
बिना पतझड़ ही झड़ गईं
जो डाली पतझड़ में भरी थी
बहार में सूख गई
सदमे से माँ गूँगी हो गई

बावरा बसन्त

देखो न...
धरती, जल, हवा
अग्नि और आकाश
सभी कितने खुश हैं
धरती मचलकर अँगड़ाइयाँ ले रही है
बावरी हवा इठलाकर कैसे
बूटे - बूटे को चूम रही है
अग्नि की भीनी - सी तपन
कितना सुहा रही है
उर्मियाँ मचलकर
कैसे आलिँगन कर रही हैं
चाँद का

और ये गगन...
देखे न...
कैसे झूम कर लहरा रहा है
मैं भी तो खिल गई हूँ सरसों - सी
मेरी देह की पोर - पोर से
महक रही है अमराई
मेरे आँचल में खिलने लगीं
गेहूँ की बालियाँ
सुहानी - सी भोर है
शीतल - सी छाँव

ऐसा है अब मेरा ठाँव
मेरी लटों को उलझना, सुलझना आ गया
खिलखिलाकर हवा में उड़ना भा गया
मन भी कुलाँचे भरने लगा अनजानी डगर पर
खुद को ही भाने लगीं
माथे पर झिलमिलाती स्वेद कणिकाएँ
काश! किसी का मख़मली स्पर्श
चूम ले अपनी नज़रों से

मन की गहरी गुफ़ा सुनने को बेचैन है
ज़िन्दगी को धड़काने वाले पद्चाप
मैं जलना चाहती हूँ रातों में
तिरना चाहती हूँ दूर तलक
तारों की बस्तियों में
'नदी के दीप' की तरह

ये ख़्वाबों के रेशमी तिनके हैं
जो बना रहे हैं आशियाना
धरती की तरह
मैं भी बहक रही हूँ क्या?
या
मचल रही हूँ पंचतत्व की तरह
ये किसके आने की सुगबुगाहट है?
कहीं ये ॠतुराज तो नहीं?
हाँ री... सखी
बावरे बसन्त ने ही तो बौराया है
हम सबको।

नमी की मिठास

तुम्हारी यादों की धूप
अब फीकी पड़ने लगी है
पंछी भी घोंसला छोड़ उड़ गये
नये आशियाने की तलाश में

अब कोई पंछी नहीं चहचहाएगा यहाँ
कभी नहीं सुनाई देगी
दिल के तने पर
कठफोड़वे की ठक-ठक
ठूँठ-सी शाखें बची हैं
और मरघट-सी उदासी के बीच
कुछ गीले लम्हे
जो लिपटे हैं
फूलों की पंखुड़ियों में
भीग रहे हैं पेड़ों के तने में
टपक रहे हैं
झूलती डालियों से
फुनगी पर बैठी मेरी आँखें
रिस रही हैं बूँद-दर-बूँद
जिनकी नमी
सोख़ रही है हवा
भीगे लम्हे भले ही खो चुके हों अपनी नमी
आँखों की नमी की मिठास अभी बाक़ी है।

मुझे नहीं भाता

मुझे नहीं भाता
ये सीला-सा मौसम
यादों की उड़ती रेत
बैठ जाती है
गीले गारे-सी
परतें उखड़ती हैं
दिल की

मुझे नहीं भाते
यादों के उड़ते परिन्दे
ये दूर निकल जाते हैं
सरहद पार
अक्सर नहीं लौटते
सीने से निकल जाता है दिल
रुक जाती हैं साँसें

मुझे नहीं भाती
यादों की बारिश
पहली बारिश के साथ
जिस्म पर उग आते हैं पंख
यादों की दीमक
तोड़ देती है दम तड़पकर
प्यार बन जाता है इतिहास

मुझे नहीं भाते
यादों के जंगल
न जाने कब से भटक रहे हैं
अरमानों के हिरन
आशा के खरगोश
नहीं खोज पा रहे हैं रास्ता
भूल भुलैया में उलझा है जीवन।

साहस है... ?

सच मैं बोल नहीं पाऊँगी
और बोला तो तुम सुन नहीं पाओगे
अगर है साहस तो आना
पुराने टीले की चोटी पर
ताकि मैं देख सकूँ
तुम्हारी हिम्मत
और
तुम्हारी आँखों का पानी।

और आपने ?

मरने के कई कारण
जीने का मात्र एक
जो है सब पर भारी
हमारा दृढ़ संकल्प 'संघर्ष' का
यही चुना है मैंने
और आपने ?

❑ ❑ ❑